KB081432

나이 든 나와 살아가는 법

KOHANSEI NO KOKORO NO JITEN
by SATO Shinichi
Copyright © 2015 SATO Shinichi
Original Japanese edition published by CCC Media House Co., Ltd.
Korean translation rights arranged with CCC Media House Co., Ltd.
through The Sakai Agency and BC Agency

이 책의 한국어판 저작권은 BC 에이전시를 통해
저작권자와 독점 계약을 맺은 지금이책에게 있습니다.
저작권법에 의해 한국 내에서 보호를 받는 저작물이므로 무단 전재와 복제를 금합니다.

나이 든 나와
살아가는 법

사토 신이치 지음 | 노경아 옮김

흔들리지 않고
의연하게 나이 들 수 있는
후반생의 마음 사전

지금이책

• 일러두기
  모든 각주는 옮긴이의 것이다.

머리말

우리는 어떻게 '늙음'을 만날까

우리는 누구나 살면서 '생애 사건Life Event'을 경험합니다. 생애 사건이란 특정 사건을 전후하여 인생이 완전히 달라지게 되는 결정적인 계기를 말하는데, 여기에는 긍정적, 부정적, 중립적인 사건들이 모두 포함됩니다.

예를 들어 진학, 결혼, 자녀나 손주의 탄생, 자신이나 배우자의 승진 등은 대부분의 사람들이 '긍정적'으로 느끼는 생애 사건입니다. 반면 자신과 가족의 질병이나 부상, 부부 갈등, 실직, 가까운 지인과의 사별 등은 사람들 대부분이 '부정적'으로 느끼는 생애 사건입니다. 또 자녀의 독립, 부모와의 동거, 자신이나 배우자의 퇴직 등은 '중립적'인 생애 사건에 속합니다.

생애 사건은 대부분 '언젠가는 일어날 일'이면서 '언제 일어날지 모르는 일'이기도 합니다. 그리고 인생 후반, 즉 60세 이후에 일어나는 생애 사건은 대개 퇴직에 따른 사회와의 단절 및 경제적 불안, 부모나 배우자의 죽음, 질병과 노화 등 부정적인 사건입니다. 따라서 언제 그런 일이 벌어질지 먼저 예상하고 미리 대처법을 마련해두는 것이 중요합니다.

젊을 때라면 실패하더라도 얼마든지 다시 시작할 수 있습니다. 그러나 후반생後半生이 되면 실패를 딛고 일어서기가 말처럼 쉽지 않습니다. 그래서 생애 사건에 잘못 대처하면 인생 후반이 괴롭고 외로워질 수 있습니다.

지금 여러분의 인생은 어디쯤 와 있습니까? 이미 인생의 후반으로 접어들었다고 생각하고 있습니까? 아니면 아직 후반이 아니라고 느끼고 있습니까? 본론으로 들어가기 전에 우리가 어떨 때 '인생 후반에 접어들었다'고 느끼며 '늙음'을 실감하는지 잠시 생각해봅시다.

저는 노안이 시작되었을 때 '아, 이제 나도 늙었구나' 싶었습니다. 그전에도 근시 때문에 안경을 쓰기는 했지만, 그것만으로는 도저히 불편해서 노안용 안경을 낄 수밖에 없게 되었습니다. 처음에는 정말로 기분이 이상하고 맥이 빠지는 기분이 들었습니다. 이처럼 자신이 늙었다고 의식하는 상태를 '노성 자각老性自覺'이라고 합니다. 노성 자각에는 '안으로부터의 자각'과 '밖으로부터의 자각'이 있는데, 노안이 시작되거나 귀가 어두워지거나 기억력이 나빠지는 등 심신의 쇠약을 스스로 느끼는 상태가 '안으로부터의 자각'입니다. 반면 자녀나 손주의 성장, 정년퇴직 또는 다른 사람이 자신을 노인 취급하는 태도 등에서 늙음을 느끼는 상태가 '밖으로부터의 자각'입니다.

직장인이라면 한직으로 물러나게 되거나 중요한 업무에서 배제될 때 '나도 이제 나이를 먹었구나' 하며 자신의 인생이 후반에 들어섰다고 느낄 수 있습니다.

50세쯤 되면 자신이 60세 이후에도 같은 업계에서 능력을 펼칠 수 있을지 대략 가늠이 될 것입니다. 만약 더 승진이 되지 않거나 한직으로 좌천되거나 소속이 자주 변경된다면, 오래 버티기 어렵다는 판단이 서겠지요. 이런 승진 중단 및 한직 발령, 소속 변경은 '자기 축소'의 의미로 받아들여집니다.

50대는 자신의 책임하에 중요한 많은 일들이 추진되는 시기입니다. 자신의 역할과 책임을 잘 알고 있는 시기인 데다가 관리직이라면 부하에게 지시를 내리는 위치에 있을 테니 더욱 그렇습니다. 그러나 승진이 막히고, 한직으로 물러나고, 소속이 변경되는 것은 자신의 통제 밖의 일입니다. 자신의 의지와는 전혀 관계없이 타인이 일방적으로 내린 지시에 따라야만 합니다. 그래서 자존심이 크게 상하는 동시에 자신의 통제력이 작용하지 않는 상태로의 퇴보, 즉 자기 축소를 실감하는 것입니다. 이런 상황은 인생이 내리막길로 접어들었다는 사실, 즉 '늙음'의 자각으로 이어집니다.

이때 자기 축소에만 신경을 곤두세우다 보면 실의의 나날이 기다릴 뿐입니다. '내가 회사를 위해 얼마나 몸 바쳐 일했는데……', '내 인생은 뭐였을까?'라며 몸부림치게 괴로운 나날을 보내게 되는 것입니다. 그러나 이 상황을 어차피 한 번은 꼭 맞이하게 될 정년퇴직을 향한 도움닫기 또는 연습문제로 받아들인다면 어떨까요?

'직장을 떠났을 때 진짜 내 능력이라고 내세울 만한 것이 무엇일까? 새로운 가치를 어디서 찾을 수 있을까? 나는 무엇을 좋아하고 무엇을 싫어하지?'

자칫 서글퍼질 수도 있는 이 시기를 나 자신을 들여다보면서 앞으로의 인생을 향한 도움닫기의 계기로 삼거나 연습문제를 풀 수 있는 기회로 생각하면 오히려 환영할 만한 상황이 아닐까요? 그것도 월급을 받으면서 말이죠.

가족 관계의 변화로도 늙음을 느낄 수 있습니다. 자녀가 있는 사람은 자녀가 독립할 때 '나도 이제 꽤 나이를 먹었구나' 느끼는 경우가 많습니다. 진학이나 취직 혹은 결혼으로 다 큰 자식을 집에서 떠나보낼 때 부모는 부모의 역할 정체성에서 해방됨과 동시에 한시름 놓이는 반면, 허전한 감정을 느낍니다. 특히 육아가 생활의 큰 비중을 차지했던 전업주부는 공허하고 불안한 감정이 너무 강해져 '빈 둥지 증후군'이라는 우울 상태에 빠지기도 합니다.

이것은 자립한 자녀에 대해 믿음직함과 허전함이라는 상반된 감정을 동시에 느끼는 정신 상태인데, 사실 지금 일본에서는 이런 생애 사건이 줄어들고 있습니다. 자녀가 좀처럼 둥지를 떠나지 않기 때문입니다.

젊은이들이 취직하지도, 결혼하지도 못하는 현상이 자주 사회적 이슈가 됩니다만, 그 배경에는 그들의 부모가 있습니다. 과거에는 자녀가 차츰 성장해 어느 순간 체력이나 경제력 측면에서 부모를 능가하게 되는, 즉 '세력 관계'가 역전되는 시점이 있었고, 그 후로는 부모가 자녀의 보호를 받으며 늙어갔습니다. 그러나 지금은 자녀가 밖으로 나가 세력을 확대하려 하지 않습니다. 굳이 힘들게 분가하지 않고 부모의 집에 편히 머물면서 애써 부모를 넘어서려고 하지 않는 것입니다.

부모도 은연중에 자녀를 떼어놓는 허전함을 느끼기 싫은 마음이 있어서 둥지를 떠나지 않는 자녀를 닦달하지 않습니다. 옛날과 달리 지금은 부모와 자식이 친구처럼 지내는 경우가 많으므로 그 관계가 지속되면 부모에게도 나름대로 좋은 점이 있습니다. 어머니가 60~70대라도 30~40대인 딸과 함께 쇼핑을 하거나 여행을 하면 즐겁기 마련입니다.

특히 자녀가 부모로부터 재정적으로 자립하지 못하는 경우에는 유대가 한층 강해져 양쪽 다 모호한 관계성을 유지하면서 동거 생활을 끌고 나갑니다. 그러나 부모는 신체적으로 서서히 약해져서 결국은 돌봄의 손길이 필요해질 때가 옵니다. 그래서 부모가 70대, 80대가 될 때까지 이런 관계가 이어지면 서로 의존성이 강해져 다양한 문제가 표출됩니다. 특히 미혼의 중년 아들과 고령의 어머니가 사는 가정에는 젊은 커플 사이의 데이트 폭력과 같은 가정 폭력이 일어나기 쉽다고 합니다. 아들과 어머니도 남녀 사이인 데다 서로 매우 친밀하기 때문입니다.

그런 노년 문제의 원인은 자녀의 자립 시기가 늦어지는 데 있습니다. 자녀가 자립할 때 느끼는 허전함은 늙음으로 가는 첫걸음이기는 하지만, 그와 동시에 남은 인생 후반을 행복하게 살아나가기 위해 마주해야 할 마음이기도 합니다.

늙어간다고 느낄 때 우리는 힘들어하거나 낙담하거나 현실을 외면하려 합니다. 신경 쓰지 않는 체하거나 극복하려고 애쓰기도 합니다. 늙음을 부정적으로 받아들여 되도록 피하려 하는 것입니다.

그러나 늙음이란 상실만 존재하는 부정적인 현상이 아닙니다. 어떻게 받아들이느냐, 또 보강할 방법을 아느냐 모르느냐에 따라 늙음의 내용은 달라집니다. 얼마든지 '상실'을 '획득'으로 바꾸어 새로운 세계를 개척할 수 있다는 뜻입니다.

그럼 상실을 획득으로 바꾸려면 어떻게 해야 할까요? 자신의 미래를 직시하고 앞으로 일어날 생애 사건에 대한 물리적, 심리적 대비를 해놓으면 됩니다. 퇴직 후 생활을 위해 자금을 준비하는 사람은 많지만 심리적인 준비를 하는 사람은 많지 않습니다. 그러나 정말 중요한 것은 마음의 준비입니다. 갑자기 일어난 사건에는 능숙하게 대처하기 어렵지만 앞으로 어떤 생애 사건이 일어날지 예측하여 생각을 미리 정리해두면 당황하지 않고 대처할 수 있을 것입니다.

이 책에서는 노년심리학의 관점에서, 인생의 후반에 닥쳐올 생애 사건들이 우리의 마음과 행동에 어떤 영향을 미칠지 살펴보고 그것에 어떻게 대처하면 좋을지 생각해볼 것입니다. '마음을 어떻게 바꾸고 어떻게 유지하면 될까? 마지막 순간까지 인생을 행복하게 살려면 어떻게 해야 할까?' 이것이 60대 이후 모든 사람의 주제이자 이 책의 주제입니다.

차례

머리말—우리는 어떻게 '늙음'을 만날까 • 5

**제1부 60대
진정한 나를 찾고
실천하는 시기**

1장 생애 사건 – 정년퇴직
사회적 정체성을 잃으면 미래가 사라진다 • 20
평일과 주말, 일하는 날과
쉬는 날의 구별이 없어진다 • 37
수입이 확 줄어들고 불안감이 커진다 • 47
아내에게 의존하면 부부 관계가 어긋난다 • 50

2장 생애 사건 – 계속고용, 재취업
같은 직장에서 계속 일하기 • 58
다른 직장에서 새로운 일을 한다 • 64

3장 생애 사건 – 지역 활동 참여
지역에서 있을 곳을 찾는다 • 72
취미 친구를 만들고
학창 시절의 친구 관계를 부활시킨다 • 87

4장 생애 사건 – 부모의 죽음
부모의 늙음에 다가서다 • 96
자신의 최후를 생각한다 • 117

5장 생애 사건 – 배우자 또는 자신의 중병

배우자가 중병에 걸렸다 • 122

자신이 중병에 걸렸다 • 127

6장 생애 사건 – 노화의 진행

기억력 쇠퇴와 신체 능력 저하를 자각한다 • 134

안티에이징, 노화에 대한 저항 • 144

**제2부 70대
타인의 도움을
받으며 세대 전승을
생각하는 시기**

1장 생애 사건 – 일에서의 은퇴

사회적 생활권이 좁아진다 • 152

정체성을 재구축한다 • 158

2장 생애 사건 – 심신의 질적 변화

자신이 이제 노인임을 자각한다 • 162

늙음에 적응한다 • 173

3장 생애 사건 – 지역 활동에서의 은퇴

지역 활동과 봉사 활동에서 은퇴한다 • 180

친구를 만나기가 귀찮아진다 • 185

4장 생애 사건 – 손주에 대한 지원

자식과 손주에게 재정적 지원을 한다 • 190

세대 전승을 생각한다 • 194

**제3부 80대
상실을 넘어
새로운 미래 비전을
품는 시기**

**1장 생애 사건 – 나나 배우자가
몸져눕고 치매에 걸린다**
몸져눕거나 치매에 걸린다 · 206
환자 모임이나 가족 모임에 참여한다 · 213

**2장 생애 사건 – 시설에 입소하거나
자녀와 동거한다**
시설에 입소한다 · 218
자녀와 함께 산다 · 221

3장 생애 사건 – 친구와 지인의 죽음
충실 네트워크의 상실 · 226
젊었을 때 좋아했던 연예인의 죽음 · 229

4장 생애 사건 – 배우자의 죽음
사별의 상실감과 죽음의 수용 · 232
마음속에 내세를 품는다 · 237

제4부 90대

**지적 호기심을
유지하며
내적 생활권을
심화하는 시기**

1장 생애 사건 ─ 걷지 못한다

생각대로 거동하기가 힘들어진다 · 244

2장 생애 사건 ─ 재정 관리를 남에게 맡긴다

통장과 지갑을 다른 사람에게 맡긴다 · 252

3장 생애 사건 ─ 매일 자다 깨다 한다

추억에 산다 · 256

내적 생활권을 심화한다 · 260

맺음말─저절로 되는 것은 없습니다 · 264

참고문헌 · 268

제1부

60대

∼∼∼

진정한 나를 찾고
실천하는 시기

60대는 사회와의 관계가 크게 달라지는 나이입니다. 사회관계는 크게 '직업을 통한 관계', '지역을 통한 관계', '가족을 통한 관계'로 나눌 수 있습니다.

우선, 직업과 관련된 최대의 생애 사건은 '정년퇴직'입니다. 요즘은 65세가 넘는 고령자도 원하는 경우 직장에 남아 계속 일할 수 있도록 하는 계속고용제와 정년퇴직 이후의 재취업을 통해 일하는 사람이 늘고 있지만, 어떤 경우든 정년 후에는 이전과는 다른 환경에 놓이게 됩니다. 그리고 그런 환경 변화에 대처하는 태도가 향후의 행복감을 크게 좌우합니다.

지역과 관련된 최대의 생애 사건은 '지역 사회 등장'(혹은 '지역 활동 참여')입니다. 특히 그 전에 자신의 '있을 곳'이 직장이었던 노동자라면, 지역 내에 자신의 '있을 곳'을 확보하느냐 못하느냐, 지역에서 보람 있는 일을 찾느냐 못 찾느냐가 매우 중요합니다.

마지막으로, 가족에 관련된 최대의 생애 사건은 '부모의 죽음'입니다. 이 시기에는 부모를 돌보며 가까이에서 죽음을 느끼게 되므로 자기 삶의 마지막을 실감 나게 그려볼 수 있습니다. 그래서 자신만의 생사관을 체득하게 됩니다.

이런 생애 사건들을 통해 자신의 본분, 즉 인생의 의미와 인생에서 소중한 것이 무엇인지 깨닫고 실천하는 것이 60대와 그 이후의 인생을 풍요하게 만드는 데 무엇보다 중요한 역할을 합니다.

1장

생애
사건

정년퇴직

사회적 정체성을 잃으면
미래가 사라진다

기한이 정해지면 '이제 끝이다'라고 생각하게 된다.
하지만 '앞으로도 계속된다'고 생각하면 마음가짐이 달라진다.

얼마 전, 친한 선배의 정년퇴직을 축하하는 모임에 참석했습니다. 솔직히 말해서 '축하해도 되는 걸까?' '어떤 표정을 지어야 하지?' 하는 생각에 마음이 편하지 않았지만, 막상 그 자리에 가 보니 그간의 걱정이 무색해졌습니다. 3~4개월 전에 만났을 때만 해도 "내 인생도 이제 9회 말 2아웃까지 왔군. 이제 끝이야"라며 의기소침해 있던 선배가 만면에 웃음을 띠며 꿈 이야기를 하고 있지 않겠습니까.

그는 노년의학 강사로, 오랫동안 장수 노인들을 연구해왔습니다. 그러나 그가 소속된 대학교의 부속 병원에 있었던 노인 내과가 그의 정년퇴직을 계기로 다른 과에 통합되기로 결정이 났습니다. 정년퇴임과 동시에 그간 진행해오던 연구를 그만두어야 하는 것도 서운하고 아쉬운데 해당 연구부서까지 없어진다고 하니 그로서는 상실감이 이만저만이 아니었습니다. 저도 같은 연구자여서 그 마음을 잘 이해합니다. 심혈을 기울여 연구한 연구 성과물들을 후학들에게 전수도 못하고 물러나야 하는 상황이라면 누구라도 자신의 한평생이 물거품이 되는 듯한 기분이 들 것입니다.

연말이면 노인내과가 완전히 없어지니 자신에게 남은 시간이 얼마 없다며 "이제 끝이군. 연구를 마무리하긴 틀렸어"라고 좌절했던 그가 정년퇴임 축하연에서 마치 다른 사람이라도 된 듯 이것도 하고 싶고 저것도 하고 싶다며 앞으로의 포부를 자랑스레 밝히게 된 데에는 이유가 있었습니다. 다행히 연구를 계속할 수 있는 길이 생겼기 때문이었지요. 대학 측이 "예산은 못 드리지만"이라고 조건을 붙여서 새로운 연구센터를 창설한 것입니다.

연구센터라고는 해도 예산이 없으니 거점은 기껏해야 대학교 교내의 연구실이 고작이고, 급여조차 받지 못합니다. 그래도 그건 문제가 안 됩니다. 사람은 기한이 정해져 있으면 '이제 끝이다'라는 생각에 미래가 단절된 듯한 절망감을 느끼지만, '앞으로도 계속된다'라고 생각하면 마음가짐이 완전히 달라집니다. 눈앞에 새로운 세상이 열리는 것입니다.

게다가 그는 대학에 많고 많은 강사나 교수가 아니라 아주 소수에게만 주어지는 '특별초빙교수'라는 특별한 직함을 얻었습니다. 그 덕분에 주위 사람들에게 존경을 받게 되었을 뿐만 아니라 연구조사를 하기도 이전보다 훨씬 수월해졌습니다. '전직 강사'가 연구를 위해 채혈을 해달라고 부탁하면 미덥지 못해서 거절하는 사람이 많겠지만 '특별초빙교수'라면 이야기가 달라집니다.

이렇게 해서 그는 한때 완전히 수포로 돌아갈 뻔했던 연구 성과를 대학에서 인정받고, 전보다 더 나은 직함을 부여받은 덕분에 계획했던 연구를 계속 완성해가면서 후학들에게 전수할 수 있게 되었습니다. 잃어버릴 뻔했던 '미래 비전'을 되찾은 것입니다. '미래 비전'이란, 말 그대로 다가올 앞날에 대한 희망입니다. 이 미래 비전은 사람이 살아가는 데 너무나 중요하므로 그것이 사라지면 삶의 의욕도 사라집니다.

그러면 정년퇴직으로 경력이 단절되었어도 미래 비전을 잃지 않으려면 어떻게 해야 할까요?

한마디로 '꿈을 꾸어야' 합니다. 정년 이후에 이루고 싶은 목표, 매력적인 일을 찾게 되면 미래 비전이 생길 것입니다. 그렇다면 꿈, 즉 매력적인 목표를 찾기 위해서는 어떻게 해야 할까요? "돈을 벌지 못하더라도 하고 싶은 일이 무엇인지"를 생각해보면 됩니다.

앞에서 소개한 제 지인 역시 현역 시절에는 보수, 즉 급여를 받고 연구를 했지만 퇴직 후에는 급여가 없이도 연구를 계속하

기를 원했습니다. 그에게 그 연구는 평생 추구할 소중한 꿈, 즉
'본분'이었기 때문입니다. 그러나 그처럼 "급여를 받지 못해도
지금까지 하던 일을 계속하고 싶다"고 생각하는 사람이 많지
는 않은 것 같습니다. 제 주변에도, 회사에서는 65세까지 고용
을 유지하겠다고 했지만 전과 똑같이 일하면서 급여를 절반밖
에 받지 못하다니 기분 나쁘고 자존심 상한다며 정년퇴임 이전
에 은퇴한 사람이 꽤 있습니다.

여러분은 어떻습니까? 현역 때 하던 일을 무급으로라도 하
고 싶습니까? 그렇지 않다면 그 일은 여러분의 본분이나 꿈이
아닙니다. 계속고용을 선택하여 같은 직장에 머물더라도 하
루빨리 다른 일을 찾아야 미래 비전이 사라지지 않습니다. 단,
'지금의 일 중 이 일만은 돈을 받지 않아도 괜찮다'라고 생각되
는 것이 있다면 거기서 여러분의 꿈과 본분을 찾을 수 있을지
도 모르겠습니다.

급여처럼 외부로부터 받는 보수를 심리학에서는 '외적 보
상'이라 합니다. 그에 비해서 즐거움, 만족감, 자기효능감 등
자신의 내부에서 우러나는 보수를 '내적 보상'이라고 합니다.
또 외적 보상 때문에 무언가를 하고 싶어지는 것을 '외적 동
기', 내적 보상 때문에 무언가 하고 싶어지는 것을 '내적 동기'
라고 합니다.

"급여를 못 받더라도 연구를 계속하겠다"는 사람은 본인이 즐거워서 연구를 했으므로 '내적 동기'를 부여받았다고 할 수 있습니다. "급여가 절반으로 줄어드니 일을 그만두겠다"는 사람은 돈을 받으려고 일을 했으므로 외적 동기를 부여받았다고 할 수 있습니다.

그런데 내적 동기와 외적 동기는 서로 영향을 주고받습니다. 예를 들어 이웃 사람이 다리를 다쳐 힘들어하는 것을 보고 순수하게 돕고 싶은 마음으로 병원에 데려다주었다고 합시다. 그때 그 이웃이 "감사합니다. 정말 큰 도움이 되었습니다"라고 진심으로 감사의 마음을 전하면 여러분은 '내가 좋은 일을 했구나' 싶어 기쁘고 만족스러울 것입니다.

그러나 그 이웃이 "도움 주셨는데 택시비로 5,000원은 드리겠습니다"라고 말하면 어떨까요? '누가 돈을 받자고 한 일인 줄 아나!'라고 속으로 괘씸하게 생각하거나 마저 돕고 싶은 마음이 사라져 '5,000원이라니, 병원에 내려만 주고 바로 돌아와야겠어. 진찰이 끝날 때까지 굳이 내가 기다려줄 필요가 없겠어'라고 생각하지 않을까요?

이처럼 내적 동기로 시작한 일에 외적 보상이 끼어들면 내적 동기가 약해집니다. 다른 예를 들어 봅시다.

퇴직한 후 농사를 지으며 사는 게 꿈인 사람이 있습니다. 그는 '만원 전철에 시달리는 삶에서 해방되면 시골로 내려가야

지. 시골에 살면서 농사를 짓자. 처음에는 힘들겠지만 적응이
되면 농작물을 팔아서 많든 적든 돈을 벌 수 있을 테니 생활에
도 보탬이 될지 몰라'라고 생각합니다. 그러나 직업으로 농사
를 짓는 것과 취미로 농사를 짓는 것은 전혀 다릅니다.

직업으로 농사를 짓는 사람은 작업량은 최대한 줄이고 가격
은 최대한 올리려고 할 것입니다. 요컨대 효율을 우선할 것입
니다. 반면 취미로 농사를 짓는 사람은 작물을 기르는 과정 자
체를 즐깁니다. 때문에 천천히 차근차근 일을 합니다. 굳이 작
업량을 줄이려고 애쓸 필요도 없고, 효율을 따질 필요도 없습
니다. 수확물도 팔지 않습니다. 가족이 먹고 맛있다며 기뻐하
는 모습을 보거나 친구와 지인 들과 나눠 먹으며 그들에게서
'고맙다'라는 말 한마디 듣는 것으로 충분합니다. 그것이 그에
게 보상입니다.

오히려 비용을 회수하기 위해 수확물을 팔다 보면 '품과 시
간을 그렇게 들였는데도 별로 돈벌이는 되지 않구나'라며 불만
스러워하거나 '구부러져서 상품 가치가 없다니 말도 안 돼'라
고 실망스러워하며 즐거움을 잃어버리기 쉽습니다. 이처럼 외
적 보상인 돈을 추구하면 만족감과 기쁨이라는 내적 보상이 줄
어들기 마련입니다.

즉 퇴직 후의 꿈에 대해서는 '잘하면 돈도 벌 수 있을 거야'
라고 생각하지 않는 게 좋습니다. 퇴직 후의 일에서는 돈이라

는 성과를 추구하기보다 시간을 즐기는 것을 우선해야 합니다. 과정이 진심으로 즐겁거나 보람이 느껴지는 일을 찾는 것이 중요합니다.

사람마다 즐거움을 느끼는 일, 보람을 느끼는 일이 다르므로 제가 여기서 어떤 일이 좋다고 말하기는 어렵습니다. 농사를 좋아하는 사람도 있고, 그림을 그리거나 음악을 들을 때 신이 나는 사람도 있으며, 자원봉사가 잘 맞는 사람, 역시 책상에서 사무를 보는 게 최고라고 생각하는 사람도 있을 것입니다. 어쨌든 '돈을 못 벌어도 하고 싶다', '돈을 들여서라도 하고 싶다'고 느끼는 일이야말로 퇴직 이후에 내가 꿈꿀 수 있는 진정한 미래 비전이 아닐까 합니다.

퇴직은 정체성을 상실하는 일이다.
회사에 미련을 두면 새로운 정체성을 찾을 수 없다.

정년퇴직이란 사회적 정체성을 잃는 일입니다.

정체성이란 간단히 말해 '나는 누구인가' 하는 자각입니다. 단, '나는 이런 사람이다'라고 스스로 생각할 뿐만 아니라 타인도 그 생각에 동의해야 합니다. 예를 들어 스스로 아무리 '나는 일을 잘하는 우수한 사람이다'라고 해도 주위 사람들이 '저 사람은 일 못하는 골치 아픈 사람이다'라고 여긴다면 우수한 사람으로 대접받지 못합니다. 그러면 자신도 '어? 뭔가 잘못됐는데?'라고 느끼기 마련이므로 '일을 잘하는 우수한 사람'이라는 정체성이 성립되지 않습니다.

그리고 정체성은 한 사람에 하나만 있는 것이 아닙니다. '○○ 회사의 사원', '○○ 상점의 종업원', '○○ 기술자' 같은 사회적 정체성, '착한 남편', '엄격한 아버지' 같은 역할 정체성 등 한 사람이 여러 정체성을 갖는 것이 보통입니다. 그중 어떤 정체성이 중요한지는 사람마다 다르지만, 대다수의 남성은 사회적 정체성을 중시하고 그것이 곧 자신의 본질이라고 생각하는 경우가 많습니다.

그러나 퇴직하면 그렇게 중요시했던 사회적 정체성을 잃습니다. 이것은 자신을 잃는 것과 같은 일이므로 무척 괴롭습니다. 퇴직하고 나면 전에는 확고했던 자신에 관한 생각이 흔들리기 시작합니다. 따라서 자기탐색에 성공하여 새로운 정체성을 획득하면 괜찮겠지만, 그렇지 않으면 실의의 나날을 보내게 됩니다. 실제로 제가 퇴직 후의 삶의 보람에 대한 인터뷰를 실시했을 때의 일입니다.

조사 과정에서 누구나 아는 유명 대학을 졸업하고 업계 최고의 손해보험사에 취직하여 엘리트코스를 달렸던 사람을 만났습니다. 그는 속으로 '이대로만 가면 분명 임원이 될 거야.

임원은 정년이 없으니 계속 일할 수 있겠지'라고 생각했지만 결국 사내 세력 다툼에 밀려 한직으로 쫓겨났고, 임원이 되지 못한 채 정년을 맞고 말았습니다. 그 때문에 '내가 회사 일이라면 얼마나 헌신을 했는데, 나를 헌신짝처럼 버리고…… 나니까 할 수 있는 중요한 일들이 얼마나 많은데 나를 겨우 그따위로 대우하고…… 지금에 와서 다른 회사를 간다 해도 별반 다르지 않을 텐데'라며 원망하고 끝내 미련을 떨치지 못했습니다. 그는 결국 재취업도 못하고 신문과 TV만 보며 시간을 보내고 있었습니다.

또 한 사람은 1부 상장기업의 부사장이었습니다. 그는 선대 회장의 오른팔이 되어 소규모였던 회사를 대기업 위주로 구성되는 1부 상장기업으로까지 성장시킨 장본인이었습니다. 그런데 회장의 아들이 미국에서 MBA를 끝내고 돌아와 새로운 사장으로 취임하자 회사에서 쫓겨나고 말았습니다. 임원회의에서 갑자기 그를 해고한 것입니다. 회사를 그만두고 나서도 그는 다들 불편해하는 것을 알면서도 일주일에 한 번씩 회사에 가서 예전 부하를 불러내어 쓸데없는 이야기를 나누었습니다. 위의 사례에서처럼 퇴직하여 회사원으로서의 정체성을 상실했는데도 그에 대한 미련과 집착을 버리지 못하면 새로운 정체성을 획득할 수도, 새로운 출발을 할 수도 없습니다.

반면, 본가가 농사를 짓는 사람이 있습니다. 그 덕분에 회사를 다니는 동안에도 틈틈이 본가에 가서 농사일을 돕고 있다고 합니다. 그는 퇴직 후의 새로운 생활에 비교적 빠르고 순조롭게 적응해나갈 것입니다. 애초에 회사원이라는 사회적 정체성에 그다지 큰 비중을 두지 않았던 데다가 지역 사회와 밀접한 생활을 하면서 또 하나의 사회적 정체성을 이미 확보했기 때문입니다.

그러고 보니 몇 년 전쯤 노인이 화를 내거나 욕설을 퍼붓는 모습이 여기저기서 목격되면서 '폭주노인*'이 화제가 된 적이 있었습니다. "사람은 나이를 먹을수록 성숙하고 온화해진다"라는 일반 관념과 정반대되는 현상이어서 한동안 일본 내에서 큰 관심을 끌었는데, 이 역시 정년퇴직과 관련이 있습니다.

정년퇴직을 하면 전에는 부하가 해주었던 일을 스스로 해야 합니다. 예를 들어 회사였다면, 출장 때문에 지방에 가야 할 일이 생길 때마다 부하직원에게 교통편과 숙박업소 예약 등을 지시하기만 하면 됐습니다. 관공서에 제출할 신청서가 있거나 비용 지불이 필요한 일이 있을 때도 경리나 총무 부서에 해당 서류만 제출하면 끝이었지요.

그러나 퇴직을 하면 모든 것이 달라집니다. 기차역이나 관

---

* 사소한 일로 화를 참지 못해 이성을 잃고 폭언이나 폭력을 행사하는 노인을 칭하는 신조어.

공서, 은행 등 이런저런 곳에 직접 찾아가야 하고, 한참을 서서 기다린 끝에 자신의 차례가 되었을 때 창구 직원에게 "줄 잘못 서셨어요. 옆 창구로 가세요"라는 소리를 듣기 일쑤입니다. 노인들은 그런 스트레스가 쌓여서 폭주하게 된 것입니다. 한마디로 '은퇴 충격' 때문에 쌓인 분노를 엉뚱한 곳에 풀었다고 할 수 있습니다. 그리고 그 분노는 사실 'ㅇㅇ 회사의 부장' 같은 사회적 신분을 잃고 '그냥 사람'이 되어 버린 자신에 대한 분노이기도 합니다.

| 고독감 테스트 |

정년퇴직 이후 사회적 정체성을 잃으면 누구나 고독감을 느낍니다. 사람은 원래 사회적인 존재로 '사회에 받아들여지고 싶다'는 근원적 욕구가 있으므로 정년 후에 사회적 관계가 단절되면 고독감을 느끼기 마련입니다. 특히 앞에 소개한 두 사람처럼 사회적 정체성에 대한 미련을 끊지 못했다면 고독감이 더욱 강해질 것입니다.

여러분은 어떻습니까? 여러분이 고독을 얼마나 느끼는지 측정하는 간단한 질문지가 있으니 한번 자가진단 해보시기 바랍니다.

아래 문항을 읽고 얼마나 자주 그렇게 느끼는지 해당하는 항목에 표시하세요.

번호	문항	전혀 그렇지 않다	별로 그렇지 않다	조금 그렇다	자주 그렇다
1	외톨이라고 느낀다.				
2	다른 사람들로부터 고립되어 있다고 느낀다.				
3	주변에 사람은 있지만 마음이 통하지 않는다고 느낀다.				
4	다른 사람들과 공통점이 별로 없다고 느낀다.				
5	주변 사람들과의 관계가 친밀하지 않다고 느낀다.				
6	자신을 진심으로 이해해주는 사람이 없다고 느낀다.				

출처: 〈고독감 척도〉 제3판 축약본, 캘리포니아 대학 로스앤젤레스 캠퍼스University of California, Los Angeles 제공

6개 문항에 체크를 해보셨나요? 다음은 점수 집계 방법입니다.

• 전혀 그렇지 않다 → 1점

• 별로 그렇지 않다 → 2점

• 조금 그렇다 → 3점

• 자주 그렇다 → 4점

1번에서 6번까지 점수를 합산하여 총점을 구합니다.

• 결과 판정 : 15~17점 고독감이 강함, 18점 이상 고독감이 매우 강함

제가 조사한 결과, 50세 이상 남성의 평균 점수는 11.8점, 여성의 평균 점수는 11.2점이었습니다. 이 평균 점수와 표준 편차를 근거로 고독감의 정도를 산출해보면, 남녀 관계없이 점수가 15점 이상이면 고독감이 강한 사람, 18점 이상이면 고독감이 매우 강한 사람이라 할 수 있습니다.

그러면 고독감이 강하다는 것은 어떤 상태일까요? 고독감이 강하다는 것은 타인과 친밀한 관계를 맺고 싶지만 그렇게 하지 못하는 상태, 끈끈한 유대 관계를 갖기 원하지만 마찬가지로 그렇게 하지 못하는 상태를 의미합니다. 다시 말해 타인과 관계 맺기가 어려워서 괴로워하는 상태입니다.

타인과의 친밀한 유대 관계를 위해서는 우선 상대의 기분을 존중하는 태도가 필요합니다. 그러려면 어떻게 행동해야 하는지 먼저 생각해보고, 웃으며 상대를 대할 수 있도록 노력해봅시다.

또 사람을 만날 기회를 만드는 것도 중요합니다. 심리학에 '단순 접촉의 원리'라는 것이 있는데, 특별한 대화를 주고받거나 특별히 뭔가를 함께하지 않아도 접촉의 빈도가 높아지면 호감도도 높아지는 것을 의미합니다. TV에서 자주 보게 되는 연예인에게 어느 순간 호감을 느끼게 되는 것처럼 자주 마주치고 만나게 되는 사람일수록 가까워지고 친해지기 쉽습니다. 집 안에 틀어박혀 있어서는 고독감을 해소할 수 없습니다. 사람을 만날 만한 곳에 부지런히 다녀야 여러분도 사람들에게 호감을 느끼고, 사람들도 여러분에게 호감을 느낄 수 있습니다.

'자기개시'도 효과적입니다. '자기개시'란 상대에게 개인적인 이야기를 하는 것을 말하는데, 이를 통해 타인과 친해질 수 있습니다. 또한 자기개시에는 상호성*이 있어서 상대가 자기개시를 했는데도 스스로 자기개시를 하지 않은 사람은 상대에게 미안함을 느끼게 됩니다.

예를 들어 거래처 직원이 "학교 다닐 때는 밖에 나가서 열심히 축구를 했는데 회사에 다니고부터는 축구를 TV로만 보네요"라고 말했다고 합시다. 언제나 사무적으로 일 이야기만 하는 사람보다 어느 정도 사적인 이야기로 분위기를 편안하게 해주는 사람이 좀 더 친근하게 느껴지지 않습니까? 이런 말을 듣게 되면 여러분도 "저도 축구를 무척 좋아합니다. 월드컵 때는……"이라며 여러분의 이야기도 하게 되지 않을까요?

자기개시의 이야깃거리로는 취미나 최근 본 영화, 좋아하는 스포츠 등 무엇이든 괜찮지만, 이보다 좀 더 사적인 이야기를 나눈다면 고독감을 더욱 효과적으로 줄일 수 있습니다. 젊은 사람은 취직이나 연애 이야기, 노인은 병 이야기, 중년은 일이

---

* 상대가 호의를 베풀면 그 호의를 받은 사람은 빚진 마음을 갖게 되고 나중에 반드시 그 빚진 마음을 갚으려고 한다는 심리학 이론.

나 자녀 이야기, 미래의 꿈 이야기 등이 좋습니다. 단, 너무 심각한 내용은 상대에게 부담을 주므로 주의해야 합니다. 상대가 부담감을 느끼지 않도록 배려하면서 마음을 조금씩 열어 보이면 고독에서 벗어날 수 있습니다.

정년퇴직은 종착점이 아니다.
인생을 복합적으로 살기 위한 출발점이다.

얼마 전까지만 해도 정년퇴직이 인생의 종착점이었습니다. 연금으로 이따금 여행을 하며 여유롭게 지내는 삶을 꿈꾸는 사람이 많았습니다. 그러나 지금은 그렇지 않습니다. 2013년에 시행된 '개정 고령자 고용안정법*'에 따라 정년인 60세부터 65세까지의 고용이 의무화되자 노동자의 의식도 달라졌습니다. 2005년에 베이비붐 세대를 대상으로 한 여론조사에서는 정년 후를 '제2의 인생'으로 여기는 사람(32.4%)보다 '새로운 출발'로

---

* 65세까지 일할 수 있도록 기업 환경을 정비한 일본의 법률. 그전까지 일본 기업의 정년은 대부분 60세로, 사용자 측이 노사 합의로 일정한 기준을 마련해 60세 이상 노동자 가운데 계속 고용할 대상자를 선정할 수 있게 되었으나, 2013년에 개정된 고령자 고용안정법에 따라 기업들은 기존 사규 등에 명시된 정년에 이른 노동자 가운데 본인이 희망하는 경우 정년 연장이나 계속고용제 등의 방법으로 '65세 정년'을 의무적으로 보장해야 된다.

받아들이는 사람(45.5%)이 훨씬 많은 것으로 나타났습니다.

60세의 평균 여명*은 남성이 약 23년, 여성이 약 28년입니다(2014년 후생노동성). 즉 남성은 60세에 정년퇴직을 한 후에도 평균 23년을 더 살고 여성은 28년을 더 산다는 것입니다. 그저 쉬면서 지내기에는 너무 길고 아까운 세월입니다. 또 원래 정년 제도는 나이가 많으면 업무수행 능력이나 생산성이 떨어지기 때문에 퇴직을 해야 한다는 사고에 기초한 제도이지만 지금의 고령자들은 그렇지 않습니다. 70대 전후까지는 신체적으로나 지적으로나 현역으로 활동할 수 있는 사람이 대부분입니다.

그래서 미국에서는 능력이 충분한데도 나이가 많다고 강제로 퇴직시키는 것을 '연령 차별'로 간주하여 정년 제도 자체를 없앤 지 오래되었습니다. 그러나 일본은 세대 간의 일자리 경쟁 문제나 연공서열에 기초한 사고방식, 나이로 사람을 평가하는 문화 때문에 미국처럼 정년 제도가 폐지될 것이라고 장담하기 어렵습니다.

다만 개인 수준에서는 예전 같은 정년의 개념이 이미 사라졌으므로 이제 정년은 인생의 한 단락에 불과하다고 생각하

---

* 어떤 시기를 기점으로 그 후 생존할 수 있는 평균 연수. 같은 조건의 사람들이 그 뒤로 산 햇수를 모두 합하여 그 사람 수로 나누어서 산출한다.

는 게 좋습니다. 정년을 학교 졸업과 똑같은 인생의 단락으로 받아들이고, 거기서 새로 출발하여 복합적인 인생을 살아간다고 생각해야만 100세 시대 인생을 성공적으로 설계할 수 있습니다.

평일과 주말, 일하는 날과
쉬는 날의 구별이 없어진다

해야만 하는 일이 없는 것은 해방이 아닌 속박이다.
미래 비전을 가져다줄 일상을 확보하라.

현역일 때 우리는 일정에 매여 삽니다. 하루 일정뿐만 아니라 주 단위, 월 단위, 연 단위의 갖가지 일정에 통제당합니다. 그와 동시에, 시간의 흐름 속에서 미래를 바라보며 사는 우리는 일정을 빠짐없이 잘 소화했을 때 성취감을 느낍니다. 일정을 완수함으로써 '일을 제대로 하고 있다'는 기분을 느끼기 때문입니다.

극단적인 예이지만, 그와 정반대의 상태가 교도소 생활입니다. 복역 중에는 일과를 스스로 짤 수 없습니다. 형기가 있으니 몇 년 후에 출소할지는 대략 알고 있지만 그날그날 무엇을 하고 누구를 만날지 스스로 시간을 통제할 수 없습니다. 자신의 미래를 직접 결정할 수 없으니 미래 비전도 사라지고 무척 괴로운 상태라 할 수 있습니다.

정년퇴직을 하면 이와 비슷한 상태가 됩니다. 처음에는 일정의 속박에서 해방되어 기쁘겠지만, 일정이 전혀 없는 생활이 계속되면 점점 괴로워집니다. 미래 비전이 조금씩 사라지기 때문입니다. 퇴직이란 바꾸어 말해, 주어진 일상이 사라지는 사건입니다. 그러므로 스스로 일상을 만들어내야 하는데, 주어진 일상을 사는 데 익숙해진 사람은 그러기가 쉽지 않습니다.

평일 낮에 도서관에 가본 적이 있습니까? 가본 사람은 잘 알겠지만, 퇴직한 남성들이 자리를 꽉 채우고 앉아 꼼짝도 않고 신문이나 잡지를 읽고 있습니다. 도서관은 원래 책을 빌리거나 공부를 하기 위해 들르는 비일상적 공간입니다만, 매일 도서관으로 나가 그곳에서 시간을 보낸다면 일상이 되는 것입니다. 즉 매일 도서관에 가서 신문과 잡지를 읽는 것은 비일상을 일상으로 만드는 행위입니다.

이런 사람이 있었습니다. 제약회사 임원이었는데, 퇴직하면 한 달에 한 번씩 호화로운 여행을 하자고 부인과 약속을 했다고 합니다. 임원이라는 직급 때문에 버는 돈은 많았지만 그만큼 늘 바빴기에 부인과 시간을 함께 보내지 못한 것을 보상하고 싶은 마음도 있었고, 무엇보다 본인이 퇴직 후에 여유롭게 여행을 다니고 싶은 마음이 컸기 때문입니다. 그리고 퇴직한 뒤에는 부인과 약속한 대로 매월 고급 기차를 타고 고급 호텔에 묵으며 호화로운 여행을 했습니다. 처음에는 계획을 세우고 여기저기 돌아다니는 것이 무척 즐거웠습니다. 그러나 반년도 지나지 않아 그런 생활에 질리기 시작했습니다. 너무 빨리 싫증이 나서 본인도 놀랐다고 합니다.

설문에서 "정년퇴직 이후에는 무엇을 하고 싶습니까?"라고 물었을 때 가장 많이 나오는 답변이 '여행'이라고 합니다. 모두가 여행을 꿈꿉니다. 여행은 비일상의 전형이기 때문입니다. 그래서 일상생활에 지쳐 있는 현역 때에는 누구나 비일상을 갈구합니다.

그러나 일상이 없이는 비일상도 없습니다. 비일상이 일상이 되면 전혀 즐겁지 않습니다. 도서관에 다니며 신문이나 읽는 사람들도 아마 즐겁지 않을 것입니다. 오늘은 시간도 생겼으니 도서관에 가서 전부터 읽고 싶었던 책을 읽어보자는 마음으로 도서관에 간다면야 즐겁겠지만, 매일 의무적으로 도서관에 가서 책을 읽는 것이 과연 즐거울까요?

앞에서 말한 전 제약회사 임원은 저와 이야기할 당시에는 인근의 노인병원에 환자를 데려다주는 봉사 활동을 하고 있었습니다. 그전에 아마도 그는 여행을 가도 즐겁지 않다거나 매일 한가해서 괴롭다고 누군가에게 불평을 토로했을 것입니다. 그래서 제약회사와 관련된 병원을 소개받아 봉사 활동을 시작했을 것입니다. 처음에는 병원으로 모셔다 드리는 일만 했다가 요즘 들어 진료 동행 서비스도 시작했다고 말한 것을 보면,

그가 봉사에 적극적으로 참여했다는 것을 알 수 있습니다. 그에게는 봉사 활동이 본업이 되어 가고 있었습니다. 게다가 자원봉사를 시작한 뒤 부인과의 여행도 다시 시작했다고 합니다. 일상이 생기자 가끔 있는 비일상적 여행이 다시 즐거워진 것입니다.

위 사례를 통해 일상을 확보하는 것이 얼마나 중요한지 알 수 있습니다. 일상을 만드는 것, 그것도 단순히 시간을 보내기 위한 일상이 아니라 미래 비전을 가져다줄 알찬 일상을 만드는 것이 중요합니다. 예를 들어, 도서관을 다니더라도 '향토 역사 조사' 또는 '식물 연구' 등의 일정한 주제와 '조사 내용을 책자로 정리하기', '블로그로 공유하기', '지역 문화제에서 발표하기' 등의 구체적인 목표가 있다면 미래 비전과 충실한 일상을 확보하는 데 도움이 될 수 있습니다. 일정이 완전히 없어지는 것은 인간에게 해방이 아니라 속박입니다.

사람은 공허한 시간을 견디지 못한다.
어떻게 공허한 시간을 줄이고 충실한 시간을 늘릴까?

사람은 아무 생각도 없는 백지 상태로 있지 못합니다. 쉬는 날 '오늘은 아무것도 하지 말아야지'라는 생각으로 누워 있어도 머리는 자신의 의지와 상관없이 계속 무언가를 떠올리게 합니다. 그 생각의 대부분은 평소에 신경 쓰였던 일이나 불안했던 일 등 그다지 좋지 않은 일에 대한 것입니다. 즉 쓸데없는 생각을 하는 것입니다.

물론 그런 시간도 잠시 한때라면 괜찮습니다. 평소에 정신없이 바쁘게 지낸다면 멍하게 있을 시간도 필요하고, 아무것도 하지 않는 시간도 의미가 있습니다. 그러나 평소에 할 일이 없다면 멍하게 있을 시간이 필요 없습니다. 일상이 있어야 비일상이 즐거워지는 것처럼, 충실한 시간이 있어야 공허한 시간이 필요해지는 것입니다.

퇴직하면 '일하는 시간'이라는 충실한 시간이 없어집니다. 일하는 시간은 짜증 나는 시간, 답답한 시간이기도 하지만 한편으로는 기쁨과 보람을 느끼게 해주는 충실한 시간이기도 합니다. 일하는 시간만큼 성취감을 얻을 수 있는 시간도 없고, 일하는 시간만큼 충실한 시간도 없습니다. 퇴직 후의 일상에서는 일할 때처럼 충실한 시간을 보내기가 무척 어렵습니다.

그래서 퇴직 후에는 무엇을 해도 재미가 없다는 사람이 많습니다. 사람은 이처럼 공허한 시간이 이어지는 것을 견디지 못합니다. 그러므로 어떻게든 공허한 시간을 줄이고 충실한 시간을 늘려야 합니다. 그렇다면 어떻게 할까요?

의식적으로 '원더풀'한 생활을 하려고 노력해야 합니다. 영어 원더풀wonderful에는 원래 '멋지다' '훌륭하다'라는 뜻이 있지만, 제가 말하고자 하는 '원더-풀wonder-full'이란 '놀라움wonder으로 가득하다full'는 뜻입니다. 물론 제가 만들어낸 말이긴 합니다.

　사람은 나이를 먹을수록 웬만한 일에는 놀라지 않게 됩니다. 어릴 때는 매일이 놀라움의 연속이었지만 나이가 들면 놀라움이란 감정도 많이 사그라지고 맙니다. 그러나 마음먹기에 따라 어릴 때의 놀라움을 되살릴 수 있습니다. '음, 전에도 이런 일이 있었지. 뭐 흔한 일이야'라고 생각하지 말고 '그때 그 일과 똑같을까?'라고 생각하기만 해도 마음가짐이 달라집니다. 이런 관점으로 주위의 사물을 관찰하거나 사람들과 대화를 하면 놀라움을 더 자주 느낄 것입니다.

　예를 들어 꽃이 피거나 단풍이 물든 것을 보고 "예쁘다"라고 소리 내어 말하면 기분이 새로워집니다. 아무 말 없이 지나치면 아무 일도 일어나지 않지만 "예쁘다"라고 말하면서 옆에 있는 사람과 이야기라도 나누면 그 광경이 기억에 남습니다. 예쁜 꽃이나 단풍을 보고 감탄했던 감정이 마음에 새겨질 것이고, 옆에 있는 사람과 "맞은편 공원은 벚꽃이 예뻐요"라고 이야기를 나누다 보면 나중에 실제로 벚꽃을 함께 보러 가게 될지도 모릅니다. 그렇게 해서 새로운 친구가 생기거나 생활 범위가 넓어질 수도 있습니다.

쇼핑을 하면서 판매원과 대화를 나누기만 해도 놀라움을 느낄 수 있습니다. 저도 예전에 가게에서 술을 사다가 놀란 적이 있습니다. 긴조주*吟醸酒를 집어들었더니 가게 주인이 "오늘 저녁 메뉴는 뭔가요?"라고 물어보기에 맑은 대구탕이라고 대답하자 "아, 그럼 괜찮겠네요"라고 했습니다. 왜 그러느냐고 묻자 "긴조주와 간장 뿌린 음식을 함께 먹으면 쓴맛이 나거든요"라고 하는 것입니다. 식초를 넣으면 괜찮아지니 폰즈** 소스를 찍어 먹는 대구탕이라면 괜찮다는 것입니다. 몰랐던 사실이어서 조금 놀랐습니다.

업무상 여기저기 돌아다닐 때에는 길에 핀 꽃 한 송이에 눈길조차 줄 여유가 없을 때도 많습니다. 업무 시간 중에 외출을 한 것이라면 길에서 우연히 아는 사람을 만나도 이야기하느라 시간을 지체할 수 없습니다. 빨리 사무실로 복귀해야 하니까요. 이처럼, 현역일 때에는 일에서 보람을 느끼는 만큼 다른 것에 눈을 돌리지 못하고 대부분의 시간을 일에 할애하기 쉽습니다. 그러나 퇴직 후에는 그 시간을 다른 데 활용하게 되므로 이런저런 곳에 눈길을 돌릴 수 있습니다. 이럴 때 의식적으로 놀라움으로 가득한 원더풀한 생활을 지향한다면 일상적인 시간이 충

* 일본 정종의 한 종류
** 감귤류의 과즙으로 만든 일본의 대표적인 조미료

실해질 것입니다.

전적으로 생활 방식을 바꿀 수도 있다.
나쁜 요인을 억제하고 좋은 요인을 촉진한다.

정년퇴직을 하면 고향에 돌아가거나 전원에서 살고 싶다고 생각하는 사람도 있을 것입니다. 그럴 계획이 있는 분이라면 그 전에 꼭 준비해야 할 것이 두 가지 있습니다. 첫째로, 어떻게 일상을 확보할 것인지 고민해야 합니다. 전원에서 산다고 해서 일상이 충실해지는 것은 아닙니다. 그곳에서 어떤 일상을 통해 어떤 미래 비전을 확보할 것인지 미리 생각해두어야 전원 생활을 충실하게 만들 수 있습니다.

둘째로, 배우자도 같은 생각을 하는지, 어떻게 나의 꿈과 배우자의 꿈을 같게 할 수 있을지 생각해봐야 합니다. 고향에 돌아가고 싶다거나 전원생활을 하고 싶다는 사람은 대부분 남편이고 아내는 그 생각에 반대하기 쉽습니다. 부부가 같은 지역 출신이라면 몰라도, 그 고향은 남편의 고향이지 아내의 고향이 아닙니다. 남편은 고향 친구들과 친척을 만나서 외출을 하거나 즐거운 시간을 보낼 수 있겠지만, 아내는 그곳에 친구도 지인도 추억도 없으니 즐겁지 않을 것입니다.

다른 지역으로 간다고 해도 아내는 별로 즐겁지 않습니다. 어디를 가도 이전과 똑같은 일상생활이 계속될 것을 잘 알기 때문입니다. 예전과 똑같이 집안일을 하고 남편의 뒤치다꺼리를 하며 산다면, 낯설고 불편한 곳보다 익숙한 곳이 훨씬 낫지 않겠습니까.

우리가 무언가 행동을 개시하는 데에는 '촉진 요인'과 '억제 요인'이 반드시 작용합니다. 전원생활을 생각할 때 남편에게는 '자연과 가까이 살 수 있다', '넓은 집에서 살 수 있다', '이웃과의 관계가 즐거울 것이다'라는 촉진 요인이 작용하며, 촉진 요인이 '불편하다'는 등의 억제 요인보다 강합니다. 그러나 아내는 '장을 보거나 쇼핑하기가 불편하다', '낡은 집에서 살아야 한다', '이웃과의 관계가 신경 쓰일 것이다'라는 억제 요인이 '자연과 가까이 살 수 있다'는 등의 촉진 요인보다 강합니다. 따라서 전원으로 귀촌하고 싶은 사람은 배우자의 생각을 잘 들어서 억제 요인을 잘 파악한 다음 그것을 줄이고 촉진 요인을 늘리려고 노력해야 합니다.

정년퇴직을 계기로 생활 방식을 바꾸려 하는 사람도 마찬가지입니다. 전에는 종종 밤늦게까지 깨어 있는 불규칙한 생활을 했지만 퇴직 후에는 아침형 인간이 되고 싶다고 합니다. 그러나 '일찍 일어나기가 힘들다', '일어나도 할 일이 없다'는 등의 억제 요인이 있어서 실천하기가 쉽지 않을 것입니다. 그러므로 생활 방식을 바꾸려면 억제 요인보다 강한 촉진 요인, 즉 즐거움을 찾아야 합니다.

일찍 일어나 활동하는 노인들은 대개 친구들끼리 모여 걷기 운동을 하거나 체조를 합니다. 사람을 만나 이야기하거나 몸을 움직이는 것이 그들의 즐거움입니다. 현역으로 일하는 중에도 출근 전에 조깅이나 수영을 하는 사람들이 있습니다. 일을 하면서 아침에 일찍 일어나기는 힘들다고 생각할지 모르지만 '몸을 움직이는 상쾌함'이나 '이야기를 나누는 즐거움' 등의 촉진 요인이 '일찍 일어나는 괴로움'이라는 억제 요인보다 강하기 때문에 아침 운동을 계속할 수 있는 것입니다.

수입이 확 줄어들고
불안감이 커진다

은퇴 후에도 현실 사회의 영향을 받는다.
불안정한 사회에서 노후를 보낼 것을 각오한다.

일본은 지금까지 꽤 안정적인 사회였지만 점점 미국과 같이 불안정한 사회로 변하고 있습니다. 조직은 성과에 따른 보상을 더욱 강화하며, 고용의 불안정으로 창업자 수는 급증하며, 빈부 격차에 따른 양극화는 더욱 심해지고 있습니다. 정년퇴직을 하면 이런 사회의 동향에 그다지 영향을 받지 않을 것이라고 생각할지 모르지만 그렇지 않습니다. 고령자도 불안정한 미국형 사회에서 노년기를 보내야 하기 때문입니다.

그래도 일본은 아직 미국처럼 "개인이 전적으로 생활을 책임져야 해야 하는" 사회는 아니므로 위험을 무릅쓰고 투자에 열을 올리는 사람이 많지 않습니다만, 북유럽처럼 죽을 때까지 나라가 돌봐주는 사회도 아니므로 모두가 저축을 합니다. 정부가 아무리 저축을 투자로 유도하려고 애써도 이런 경향은 오히려 점점 더 강해지는 듯합니다. 돈이 없으면 편히 죽지도 못하기 때문이지요. 돌봄이 필요해졌을 때, 양로원 같은 공공시설에 들어가려 해도 대기자가 너무 많아 거의 들어가지 못합니다. 공공시설이 확대될 기미도 전혀 보이지 않습니다. 또 자녀가 있어도 의지할 수 없습니다. 자녀들은 예전 같은 종신 고용의 혜택을 누릴 수 없으니 경제적으로 여유가 없는 데다 부모를 돌보기 위해 휴직을 하려면 해고의 위험까지 감내해야 하니 누구도 부모의 간병을 쉽게 떠맡을 수 없습니다.

현재 늘어나는 것은 유료 노인 요양원 같은 민간 시설뿐입니다. 즉 돈이 없으면 요양원에도 쉽게 갈 수 없으니 편히 임종을 준비하기도 어렵습니다. 간혹 집에서 죽음을 맞고 싶다고 생각하는 사람도 꽤 있을 겁니다. 장기요양보험의 혜택을 받으려 해도 본인 부담금이 따르고, 보험 한도를 초과하여 간병인 등을 쓰려 하면 돈이 그만큼 더 들어갑니다.

퇴직 후의 재정 문제는 무척 심각하고 중대합니다. 노후의 경제력이나 노후 대비 자금에 관한 이야기는 많은 매체에서 다루고 있으니, 이 책에서는 심리적인 측면만을 다루겠습니다.

사람은 수입이 없으면 불안해집니다. 일하는 동안에는 수입이 있으니 나름대로 안정적인 생활이 가능하지만 퇴직 이후에는 연금이나 저축 등 노후 자금이 넉넉한 일부 사람들을 제외하면 대부분이 마음의 불안을 느끼게 마련입니다. 특히 여성은 남성보다 불안감을 더 많이 느끼며 안정을 추구하는 경향이 있습니다. 그에 비해 남성은 낭만을 추구하기 쉽습니다. 사실은 수입을 벌어들이기 위해 일하는 것인데도 꿈이나 낭만이 중요하다고 생각하는 경우가 많습니다.

가계 수입이 있는 현역 시절에는 안정을 추구하는 아내의 심리와 낭만을 추구하는 남편의 심리가 균형을 이루었습니다. 그러나 남편이 퇴직하면 관계가 틀어지기 쉽습니다. 아내는 "일을 안 하면 안 된다"고 하고 남편은 "괜찮은 일이 없다"거나 "그런 일은 하기 싫다"고 말하니 서로 싸우게 되는 것입니다.

즉 정년퇴직 이전에 노후 자금을 어떻게 마련할 것인지 계획을 세우는 것도 물론 중요하지만, 서로의 심리적인 균형에 대해서도 미리 생각해둘 필요가 있습니다. 수입이 없어지는 것이 불안한지 아닌지, 불안하다면 남편이 일을 할 것인지 아내가 일을 할 것인지, 아니면 둘 다 할 것인지, 그리고 어떤 일을 할지, 가사 분담은 어떻게 할지 등등 그런 이야기를 미리 해두어야 합니다.

이런 부분들을 허투루 생각하고 퇴직 생활을 시작한다면 반드시 부부 사이에 갈등이 생긴다고 해도 과언이 아닐 것입니다. 퇴직 후 재정 계획을 세울 때가 서로 마음을 솔직히 털어놓을 수 있는 절호의 기회입니다. 이 기회를 놓치지 말고 대화를 하기 바랍니다.

아내에게 의존하면
부부 관계가 어긋난다

남편은 아내와 함께하고 싶지만 아내는 혼자 있고 싶어 한다.
서로를 자신과는 다른 인격체로 인정해야 한다.

퇴직 후 남편들은 "이제 아내와 함께 남은 인생을 즐기고 싶다"고 하지만 아내들은 "이제 나를 혼자 내버려달라"고 합니다. 이 이야기를 강연에서 하면 청중들이 크게 공감하는데, 모두 찔리는 데가 있어서 그럴 것입니다. 보통 남편들은 회사를 다닐 때에는 아내보다 일을 우선시하느라 아내와 가족을 늘 뒷전으로 미뤄놓기 일쑤였기 때문에 '은퇴하면 아내와 무엇이든 함께하며 지금보다 더 많은 시간을 보내야지'라고 생각합니다. 그러나 아내는 그렇지 않습니다.

정년퇴직 이전에 부부의 만족도를 조사하면 대부분의 항목에서 부부의 만족도가 일치합니다. 그러나 부부의 만족도가 크게 어긋나는 항목이 딱 하나 있습니다. 사회적 평가입니다. 아내도 직장에 다니거나 전업으로 하는 일이 있다면 이야기가 달라지겠지만, 아내가 부업만 하거나 전업주부로 산다면 사회적 평가를 얻지 못하므로 만족하지 못하는 것입니다.

그래서 아내는 다른 곳에서 사회적 평가를 얻으려고 노력합니다. 집안일을 효율적으로 해서 자기 시간을 조금씩 만들어내고, 그 시간에 친구들과의 모임이나 취미 활동, 지역 봉사 등에 참여하고자 합니다. 자녀가 어머니의 손을 떠나면 이런 활동은 더욱 왕성해집니다. 친구들과 더욱 많은 시간을 갖거나 취미에 점점 숙달되거나 남에게 도움을 주는 일을 통해 사회적 평가를 얻고 만족할 수 있기 때문입니다.

그러나 남편은 직장 일을 통해 사회적 평가를 얻으므로 거기에 만족해서 직장 밖의 세계를 만들려 하지 않습니다. 일에만 집중했던 남편이 은퇴하면, 자신의 세계라고 부를 만한 것이 남편에게는 전혀 없는 상태가 됩니다. 그렇게 사회로부터 단절되어 무엇을 해야 할지 모르게 된 후 아내에게 의존하려고 하지만, 아내는 그것을 거절하는 것입니다.

현실적인 문제를 예로 하나 들면, 남편이 매일 집에 있으면 아내의 가사 부담이 늘어납니다. 혼자 있을 때는 점심을 남은 음식으로 간단히 때울 수 있었지만, 남편이 집에 있으면 뭐라도 하나 만들게 됩니다. 잠깐 외출하려 해도 "어디 가?" "몇 시에 올 거야?"라는 질문이 날아옵니다. 번거롭기 짝이 없습니다.

남편이 외출하는 아내를 기분 좋게 배웅하고 집에 혼자 있는 동안 청소라도 해놓으면 아내도 고마워할 것입니다. 그러나 대부분 남편은 얼굴에 불만을 드러냅니다. "나를 두고 어디 가느냐", "혼자만 놀러 다니다니 서운하다"고 말입니다. 이렇게 되면 갈등이 일어납니다. 일하는 날과 쉬는 날, 일상과 비일상이 있어야 부부 관계도 원만한 법인데, 퇴직을 계기로 일상이 무너지니 문제가 생기는 것입니다.

그러면 어떻게 할까요? 상대를 배우자가 아닌 인생의 파트너, 즉 동료나 짝, 동반자로 생각해야 합니다. 퇴직 이후는 부부가 다시 부부로 돌아가는 시기이기는 하지만 젊을 때처럼 일체가 되는 시기는 아닙니다. 부부가 각자 자립하는 시기, 서로를 자신과는 다른 한 사람으로 인정하는 시기입니다.

부부라고 생각하면 자기 위주로 행동하게 되고 말하지 않아도 다 알 거라고 생각하기 쉽습니다. 그러나 파트너로 생각한다면 무슨 일을 하든지 자신의 생각을 명확히 전달하여 상대의 양해나 협력을 얻으려 할 것입니다. 이처럼 상대를 존중하는 파트너십이 있어야만 퇴직 후의 부부 관계를 원만하게 유지할 수 있습니다.

퇴직 후 집에 '있을 곳'이 없다.
'있을 곳'이란 자신의 존재 의의를 인정받는 곳이다.

"퇴직하고 나니 집 안에 내가 있을 곳이 없다" 또는 "가족에게 대형 쓰레기 취급을 당한다"라고 토로하는 사람이 종종 있습니다. 아무 일도 하지 않고 누워만 있으니 짐짝 취급을 당하는 것이겠지요. 그런데 과연 '있을 곳'이란 어떤 곳을 가리킬까요?

예를 들어 책 읽는 것을 좋아해서 종일 책만 읽고 싶은 사람이 있다고 합시다. 그는 집에서 책을 읽으면 "앉아서 책만 보지 말고 집안일 좀 해요"라는 잔소리를 듣기 때문에 매일 도서관에 가서 책을 읽습니다. 과연 그의 있을 곳은 집일까요, 도서관일까요?

집이 그가 있을 곳이 아닌 것은 명백합니다. 그렇다고 도서관이 그가 있을 곳인가 하면 그것도 아닙니다. 집에 있기가 괴로워서 어쩔 수 없이 도서관에 가서는 집에서와 똑같은 일을 혼자 하고 있을 뿐이기 때문입니다.

'있을 곳'이란 혼자서 무언가 하는 곳, 또는 거기서 하는 행위를 가리키는 것이 아닙니다. 원룸에 혼자 사는 사람에게는 원룸이 있을 곳인가 하면 그렇지 않습니다. 원룸은 '사는 곳'일 뿐, '있을 곳'이 아닙니다.

'있을 곳'이란 '누군가와 함께 무언가를 하는 곳'을 가리킵니다. 즉 사람과의 관계가 있어야 한다는 뜻입니다. 또 '있을 곳'의 '있다'는 말에는 그 사람이 거기 확실히 존재한다는 의미가 있습니다. 즉 그 사람이 존재하는 것을 주위 사람들이 인정하는 상태를 말합니다. 현역 시절에는 여러분의 존재 의의를 동료나 상사와 부하가 인정했기 때문에 직장이 여러분의 있을 곳이 되어 주었습니다. 그때는 다른 사람들과 함께 '일'이라는 행위를 했습니다.

요컨대 '있을 곳이 없다'는 것은 자신의 존재 의의를 인정해 주는 곳이 없다는 뜻이고, '집에 있을 곳이 없다'는 것은 가족에게 존재 의의를 인정받지 못한다는 뜻입니다. 그러면 어떻게 해야 집을 '있을 곳'으로 만들 수 있을까요?

가족을 위한 일, 즉 가족에게 도움이 되는 일이나 가족이 기뻐할 일을 하면 됩니다. 가족을 위해 한평생을 일했는데 퇴직 후에도 뭔가를 해야 하냐고 화를 내는 사람이 있을지도 모르겠습니다. 그러나 남편이 일하는 동안 아내도 줄곧 남편을 위해, 가정을 위해 일했습니다. 게다가 남편은 퇴직하고 실컷 쉴 수 있지만 아내는 여전히 집안일에서 '퇴직'할 수가 없습니다. 싫은 소리가 나오는 것도 당연합니다.

그러니 가령 '가족의 신발은 내가 다 닦겠다', '카레나 찌개는 내가 만들겠다', '다리미질은 내가 하겠다'는 식으로 특기를 연마하여 실천해보면 어떨까요? 물론 취사, 세탁, 청소 등 가사 전반을 분담한다면 그보다 더 좋은 일은 없을 것입니다. 그러나 갑자기 모든 걸 바꾸려면 무리가 따릅니다. 일단은 자신이 할 수 있는 일, 계속할 수 있는 일을 퇴직 전부터 연습해두는 게 좋습니다.

특별히 어디론가 나가서 특정한 일을 해야만 일상이 확보되는 것은 아닙니다. 가족이 좋아할 만한 일을 하는 것 역시 자신의 있을 곳을 만들고 일상을 확보하는 좋은 방법입니다. 설사 처음에는 의무감에서 시작한다 해도 가족이 좋아하고 감사하는 마음을 보면 그것이 보상이 되어 의욕이 점차 생겨날 것입니다.

그러면 혼자 사는 사람은 어떻게 해야 할까요? 혼자 사는 사람이 퇴직을 해서, 혹은 배우자와 사별하고 나서 있을 곳을 잃어버리는 경우가 있습니다. 여성은 집안일에 능숙해서 혼자 남아도 사는 데 크게 어려움이 없다고 생각하기 쉽지만, 집안일에 능숙해도 집에서 있을 곳을 찾지 못하게 되는 것은 마찬가지입니다. 똑같이 요리를 하더라도 남편이 맛있다고 기뻐할 것을 생각하며 요리하는 것과 자신만을 위해 요리하는 것은 의미가 전혀 다릅니다. 실제로 남편을 잃고 요리하기가 싫어져서 영양실조에 빠졌다는 여성도 꽤 있습니다.

농촌에 가보면 점심때쯤 해서 노인들이 마을회관으로 손수

만든 반찬을 조금씩 싸 들고와서 함께 나눠 먹곤 합니다. 이런 동네에 산다면 있을 곳을 잃지 않겠지만 도시에서는 그마저 어려울 것입니다. 그러므로 도시에 사는 사람은 의식적으로라도 지역의 있을 곳을 미리 찾아두는 것이 매우 중요합니다. 자기 혼자, 혹은 가족과 부부끼리의 닫힌 관계가 아니라 지역이라는 열린 관계 속에서 있을 곳을 찾아야 합니다. 여기에 대해서는 제1부 3장 〈생애 사건―지역 활동 참여〉에서 더 자세히 설명하겠습니다.

2장
~~~~~
생애
사건

계속고용,
재취업

같은 직장에서
계속 일하기

부하와 직위가 역전되고 임금이 반으로 줄어든다.
만족도를 어떻게 올릴까?

일전에 정년퇴직자들을 대상으로 삶의 만족도를 조사한 적이 있습니다. 조사 결과, 창업한 사람들의 삶의 만족도가 가장 높았고, 다른 회사에 재취업한 사람이 그다음으로 높았습니다. 계속고용으로 회사에서 남아 일하는 사람이 그 뒤를 이었고, 마지막으로 일을 완전히 그만둔 사람들이 삶의 만족도가 가장 낮았습니다.

이 책을 지금까지 읽은 사람이라면 일을 완전히 그만둔 사람이 왜 삶의 만족도가 낮은지 충분히 짐작할 수 있을 것입니다. 사회적 정체성을 잃어서 미래 비전이 없어졌기 때문입니다. 그런데 같은 회사에서 계속 일하는 사람의 삶의 만족도가 낮은 것이 조금 의외이기도 합니다. 이전과 같은 일을 하지 않더라도 익숙한 환경에서 일하면 그나마 정신적인 부담은 적을 텐데 말이죠.

그러나 실제로 한 직장에서 계속 일하는 사람들의 삶에 대한 만족도는 다른 회사에 재취업한 사람보다 낮습니다. 아마도 더 이상 승진을 못하고, 부하와의 직위가 역전되기도 하고, 같은 일을 하는데도 급여가 반으로 줄어드니 자존심이 상하여 동기가 저하된 탓일 것입니다. 다른 일을 하는 것보다 나으리라고 생각해서 회사에 남았는데 '이럴 줄은 몰랐다'라고 후회하는 사람이 많은 것 같습니다.

그러나 이런저런 이유로 다니던 회사에 남기로 결정했을 경우, 그렇다면 삶의 만족도를 올리기 위해서는 무엇을 해야 할까요? 일단 직위나 급여 등 외적 보상에서 눈을 돌려야 합니다. 대신 일 자체에서 보람과 즐거움을 찾는 등 내적 보상에 집중해야 합니다. 일하는 목적을 외적 보상에서 내적 보상으로 바꾸는 것입니다. 물론 말이 쉽지 정년 전과 똑같은 방식으로 일을 하다 보면 미련을 떨치기가 쉽지 않을 것입니다. 그럼 어떻게 할까요?

자신의 다면성을 적극 활용하는 것도 도움이 될 수 있습니다. 계속고용을 선택해 정년 후에도 회사에 남기로 했다는 것은 이제 자기확장의 가능성이 없다는 사실을 받아들였다는 뜻입니다. 즉 승진이나 임금 인상은 더 이상 기대할 수 없다는 뜻이지요. 그런데도 예전과 똑같이 자기확장을 지향하다 보면 자존심이 상하고 동기가 저하되어 당연히 일에 대한 만족도도 떨어질 것입니다. 따라서 확장을 지향하기보다 사고를 전환해 이전에 잠들어 있던 자신의 다면성을 시험해보는 것이 좋습니다.

예를 들어 같은 일을 하더라도 방식은 여러 가지가 있습니다. 자기확장을 지향했을 때는 가장 확실한 방법, 가장 효율적인 방법을 골랐겠지만, 앞으로는 조금 멀리 돌아가더라도 이전과는 다른 방법을 선택해봅시다. 다른 사람을 만나고, 재미있어 보이는 일을 하고, 기회가 있을 때마다 새로운 일에 도전하는 것입니다. 혹은 예전에 경험했던 것 중에서 관심이 가는 일에 도전해봅시다. 그런 식으로 자신의 다면성을 끌어낼 수 있습니다.

저의 지인 중에 사회복지단체에 근무하다가 정년퇴직을 하고 이후로도 같은 단체에서 계속 활동하는 사람이 있습니다. 그는 원래 장애아동 복지에 관한 일을 하고 싶어서 복지 단체에 들어갔지만 현역 때는 주로 고령자에 관련된 일을 했다고 합니다. 그래서 이전보다 융통성을 발휘할 수 있는 계속고용 상태에서는 장애아동의 복지 관련 일을 하게 된 것입니다. 그 결과 장애아동 복지에 관한 일이 그에게 몰려들었고, 그는 그 분야의 전문가에 가까워졌습니다.

오랫동안 같은 일을 하다 보면 자신이 정말 하고 싶었던 일이 무엇인지, 자신에게 맞는 일이 무엇인지 차츰 깨닫게 됩니다. 그래서 저의 지인처럼 원래의 꿈을 실현하고 싶어지는 사람도 있을 것이고 새로운 꿈을 좇고 싶어지는 사람도 있을 것입니다. 그러나 현역 때는 효율을 최우선으로 하여 자기확장을 지향해야 하므로 주어진 업무 이외의 일은 좀처럼 추진할 수 없습니다. 자기확장을 지향하지 않아도 되는 정년 이후야말로 마음속에 담아 두었던 꿈을 실현할 수 있는 절호의 시기입니다.

직위가 없어지는 것은 자유를 획득하는 일이기도 하고, 인생을 원점으로 되돌리는 일이기도 합니다. 같은 직장에 머무른다고 사람도 똑같아야 한다는 법은 없습니다. 새로운 자신을 찾아 새로운 다른 능력을 발휘하여 주위 사람을 놀랠 정도가 되면 스스로의 만족도도 훨씬 높아질 것입니다.

60~65세는 터미널과 같은 시기.
퇴직 이후를 대비하는 연습 기간으로 생각하자.

생계를 위해서 정년 후에도 직장에 남아 계속 일하게 되었지만 자신의 다면성을 살릴 여지가 전혀 없다는 사람도 있을 것입니다. 그런 경우에는 계속고용 기간을 다음 단계를 위한 연습 기간으로 생각하면 좋을 것입니다.

여러분은 '터미널terminal'이라 하면 무엇이 연상됩니까? '버스 터미널', '터미널 호텔', '터미널 빌딩'이 떠오를 것입니다. 또 '터미널 케어'가 떠오를 수도 있겠습니다. '터미널'이란 철도나 버스의 종점을 의미합니다만, 회복 가능성이 없는 환자를 보살피는 '말기 의료'에도 터미널이란 단어를 붙여 '터미널 케어'라고 부릅니다. 물론 그 시기가 인생의 종착점이기 때문이기도 하겠지만, 그 말에 꼭 그런 의미만 담긴 것은 아닙니다. 오히려 이세상에서 저세상으로, 현세에서 내세로 '환승'하는 시기라는 뜻이 강합니다. 생각해보면 버스 터미널이나 철도 터미널도 여행의 종착점이 아닙니다. 다른 교통수단으로 갈아타거나 두 발로 걸어 나가기 위한 중간 장소일 뿐입니다.

60세부터 65세까지의 시기도 '인생의 터미널'이라고 생각합니다. 60세에 정년을 맞은 후에도 희망하면 65세까지 고용이 유지되지만, 이는 '일하는 기간이 늘어난다'는 의미가 아니라 '퇴직 후를 준비할 시간이 생긴다'는 의미입니다. 직위를 잃거나 수입이 반으로 줄거나 비정규직으로 변경되어 근무 시간이 줄어드는 것은 한탄할 일이 아니라 오히려 환영할 일입니다. 퇴직 후의 생활을 미리 연습할 수 있기 때문입니다.

인생에는 연습도 없이 곧바로 부딪쳐야 하는 일이 많습니다. 그런데 다행히도 이번에는 퇴직 후를 연습할 기회가 주어진 것입니다. 그렇게 생각하고 취미 활동이나 지역 활동에 힘쓴다면 직함이나 급여 등 외적 보상이 줄어도 크게 괴로워지지 않을 것입니다. 그렇게 회사 밖의 자신, 직업 이외의 정체성을 확보하다 보면 외적 보상에 대한 집착을 조금씩 줄일 수 있지 않을까요.

다른 직장에서
새로운 일을 한다

정년 후에는 조직이 아닌 커리어에 몰입해야 한다.
어떻게 커리어를 살릴까?

아이들에게 미래 비전이 무엇이냐고 물었을 때 "○○회사의 사원이 되고 싶어요"라고 대답하는 아이는 없을 것입니다. '○○ 타운'으로 불리는, 한 기업에 크게 의존하는 동네라면 ○○사에 다니고 싶다고 말하는 아이가 간혹 있을지도 모르지만 축구 선수가 되고 싶다거나 선생님이 되고 싶다, 혹은 꽃집을 운영하고 싶다고 대답하는 것이 일반적입니다. 인생을 시작할 때는 누구나 '직장'이 아닌 '직업'에, '조직'이 아닌 '커리어'에 몰입하기 때문입니다.

'몰입'을 영어로 표기하면 Commitment입니다. 이 단어는 원래 관계, 관여, 약속, 언질 등의 의미로 쓰이지만, 심리학에서는 애착 혹은 무언가에 얽매인 정신 상태를 나타낼 때 주로 사용되는 단어입니다. 예를 들어 심리학에서 말하는 '조직 몰입Organizational Commitment'이란 조직에 헌신하는 정도, 즉 애사심이나 회사에 대한 충성심을 나타냅니다. 기업이 입사식 때 신입사원에게 자사의 자랑스러운 역사나 위대한 업적을 알리는 것은 조직에 대한 충성심을 높이기 위해서입니다. 조직에 충성심이 강한 사람은 회사의 부정을 알아채도 쉽사리 내부 고발을 하지 못합니다.

오래된 연인이 쉽게 헤어지지 못하는 이유, 가게에서 물건을 사겠다고 말한 다음에 마음이 바뀌어 안 사겠다고 말을 바꾸기 어려운 이유, 무리에 들어가긴 했는데 왠지 바보 같다는 생각이 들어서 나오고 싶은데 좀처럼 탈퇴하지 못하는 이유 역시 이 '몰입'이 작용하기 때문입니다.

회사와 같은 조직에 속한 사람은 조직 몰입에 얽매입니다. 사람은 원래 무리에 속하고 싶은 욕구가 있는 데다가 회사 측도 급여를 올리거나 상여금을 지급하거나 직급을 올려주거나 권한을 주는 등의 수단으로 사원의 몰입도를 높이려고 애쓰기 때문입니다.

그러나 퇴직을 하면 조직 몰입이 단절됩니다. 정년 후 다른 직장을 구하려는 사람은 소위 아이의 상태, 즉 커리어 몰입상태로 돌아가야 합니다. 조직 몰입에 계속 얽매여 있으면 '예전 회사가 좋았어', '예전 일이 보람 있었지'라는 생각으로 언제까지고 같은 자리에 머무르게 됩니다.

저와 같은 연구자를 비롯한 전문직은 특히 커리어 몰입이 중요합니다. 설령 조직에 속해 있더라도 그 조직 안에서 자기 확장을 꾀하기보다 자신의 전문 분야를 개발하여 커리어를 향상시키는 것이 중요합니다. 회사원이라도 기술직이나 기능직이라면 커리어 몰입이 중요할 것입니다. 그래서 재취업을 할 때에도 자신의 기술이나 기능을 살릴 수 있는지를 제일 먼저 따져 보게 됩니다.

그런데 일반직 또는 종합직, 즉 '화이트칼라'로 불리는 사람들은 어떨까요? 회사를 벗어났을 때, 무엇을 자신의 커리어라고 부를 수 있을까요? 이전의 경험 중 어떤 것이 다른 일에 쓸모가 있을까요?

저의 지인 중에 도쿄의 한 여행사에서 기획 일을 하다가 정년퇴직 후 어느 지역의 주민센터 고문이 된 사람이 있습니다. 처음에는 마을에 관광객을 끌어들일 방법을 기획하는 일을 맡았는데 일을 하다 보니 어느새 주민센터의 젊은 직원을 교육하는 일로 본업이 바뀌었다고 합니다.

그가 부임했을 당시, 주민센터는 기획회의를 열어도 회의가 효과적으로 이루어지지 않는 상황이었습니다. 젊은 직원들 대다수가 줄곧 지방의 주민센터에서만 일해온 터라 당연히 일반기업의 회의의 방식을 몰랐던 것입니다. 그래서 회의가 열리기 전에 자료를 준비하여 참석자에게 배포하고 파워포인트로 프

레젠테이션을 하는 과정이 전혀 없이 회의가 열리고 있었습니다. 그래서 그가 젊은 직원들에게 자료 만드는 법과 파워포인트를 쓰는 법을 가르치고 기업에서 하듯 회의를 진행하게 했더니 그들의 의욕이 확 높아졌다고 합니다. 이를 본 주민센터의 상사가 그에게 직원 교육을 맡아 달라고 부탁한 것입니다.

우리는 이 사례에서 자신은 알지 못했던 것, 당연하다고 생각했던 것도 다른 직장에서는 커리어로 활용될 수 있다는 사실을 배우게 됩니다. 이전의 본업과는 전혀 관계가 없는 곳에서 커리어를 살릴 수도 있는 것입니다. 제 지인처럼 자신의 능력을 우연히 깨달을 수도 있겠지만, 조직을 떠났을 때 무엇이 자신의 커리어가 될지, 남에게는 무엇이 자신의 능력으로 보일지를 사전에 파악해두는 것이 최선입니다. 그러니 정년을 맞이하기 전, 현역에서 일할 때 자신을 수시로 점검하면서 관점을 조직 몰입에서 커리어 몰입으로 전환하는 것이 좋습니다.

재취업하면서 예전과 같은 대우를 바라서는 안 된다.
돈 대신 사회적 가치를 얻는다.

고용센터에서 어떤 일을 원하느냐고 물었더니 누군가 '부장'이라고 답했다는 우스갯소리가 있습니다. 실제로 이렇게 대답하는 사람은 없겠지만 내심 비슷한 생각을 하는 사람은 많지 않을까 합니다.

정년퇴직을 하고 다른 직장을 구할 경우 예전과 같거나 비슷한 수준의 자리를 구하기는 어렵습니다. 아니, 거의 불가능하다고 말하는 게 맞습니다. 그럴 때 '내가 이런 시시한 일을 어떻게 해!' 또는 '고작 이 정도 돈을 받고 일하라고?'라고 생각한다면 재취업은 물 건너가고 맙니다. 자기확장 욕구를 우선하는 잣대를 버려야만 다음 단계로 나아갈 수 있습니다.

그러면 급여나 지위, 권한 같은 잣대를 버리고 무엇을 새로운 잣대로 삼아야 좋을까요? 아마 그것은 '사회적 평가'일 것입니다.

전에 한 여자대학교에 강의를 하러 갔을 때의 일입니다. 여대인지라 경비원이 특히 많았는데, 특이하게도 그 경비원이 모두 나이가 지긋한 아저씨들이었습니다. 수상한 사람을 쫓아가 붙잡는 일만 생각하면 젊은 사람이 훨씬 나을 수 있었을 텐데 어떤 이유에서인지 학교 측이 일부러 나이 많은 사람들을 채용한 것입니다. 왜일까요?

첫째는 나이 많은 사람이 경험이 많기 때문일 것입니다. 그들은 다양한 경험을 쌓았으므로 이상한 낌새를 금방 알아챕니다. 또 불의의 사태가 일어나도 적절히 대처할 것입니다. 그리고 나이 많은 사람은 젊은 사람보다 자신을 잘 통제합니다. 여학생들을 대할 때도 그렇고, 외부 방문자를 대할 때도 그렇습니다. 그들은 마음에 드는 여학생이 있어도 치근대지 않을 것이고 심신이 피곤해도 방문객을 친절하게 대할 것입니다. 실제로 제가 길을 물어보았을 때도 경비원이 정중하게 대답해주어 기분이 무척 좋았습니다.

즉 그들은 고용주인 대학뿐만 아니라 학생과 교직원, 방문자 등 다양한 사람들에게 높은 평가를 얻어 존재 의의를 인정받고 있었습니다. 즉 높은 사회적 평가를 받고 있었던 것입니다. 그들은 그것을 내적 보상으로 삼아 자부심을 품고 열심히 일하고 있었습니다. 정년 후 다른 직장을 구할 때는 이처럼 자신이 노력하기에 따라 사회적 평가를 얻을 수 있는 일인지를 따져 보는 것이 좋습니다. 그리고 취업한 후에는 자신과 그 일 자체의 사회적 평가를 높이는 것을 목표로 삼으면 어떨까요?

반면, 재취업을 하려는 이들 중에는 전과 같은 조건이나 대우를 요구하지도 않았는데도 하고 싶은 일이 들어오지 않는다거나 면접에서 자꾸 떨어진다고 속상해하는 사람이 있습니다. 그런 사람은 직장을 찾기보다 창업을 하는 게 나을지도 모릅니다. "하고 싶은 일이 들어오지 않는다"는 것은 따로 하고 싶은 일이 있다는 말이고, "면접에 자꾸 떨어진다"는 것은 남에게 인정받으려 하지만 인정받지 못하는 상태라는 말입니다.

남에게 인정받기를 기다리기보다 창업을 하면 만족도가 단숨에 올라갈 것입니다. 앞서 말했다시피, 퇴직 후 만족도는 창업한 사람이 가장 높습니다.

창업을 망설이는 사람이 많지만, 돈을 많이 벌겠다거나 크게 성공하겠다는 생각을 버리면 어렵지 않습니다. 창업에 대한 잣대 역시 젊을 때와는 다릅니다. 자기확장 욕구가 아니라 사회적 평가를 잣대 삼아 타인을 기쁘게 하면 됩니다. 적자만 아니면 된다는 마음으로 창업한다면 의외로 사업이 잘 풀릴지도 모릅니다.

지역 활동 참여

지역에서 있을 곳을 찾는다

사람은 인간관계에서 압박감을 느낀다.
가면을 써야 해서 남을 만나기가 귀찮아진다.

정년 후에는 지역에서 있을 곳을 찾아야 한다고 생각하는 사람이 많을 것입니다. 있을 곳이란 앞에서 말한 것처럼 '누군가와 함께 무언가를 하는 곳'이며, '내 존재 의의를 주위 사람들로부터 인정받는 곳'입니다.

지역의 있을 곳이라 하면 무슨 얘기인 줄은 알겠는데 구체적으로 어디를 가리키는지 모르겠다고 말하는 사람도 있을 것입니다. 누군가와 함께 무언가를 하는 곳이라면 어디든 좋습니다. 아파트 단지나 지역 단체, 마을 의회, 체육관이나 공공기관에서 개최하는 각종 문화 행사, 취미 동호회, 봉사 단체, 노인회나 노인대학 등 그 어디든 좋습니다. 참여하여 함께 활동하다 보면 회원으로서의 존재 의의를 인정받게 되고 그 안에서 있을 곳이 생겨납니다.

그러나 있을 곳이 왜 중요한지도 알고 지역 활동에도 참여하고 싶다고 하면서 실천을 못하고 망설이는 사람이 의외로 많습니다. 그런 분들 대부분이 기회가 없어서 그렇다고 이야기합니다. 하지만 찾아가서 "참여하고 싶다"고 말하기만 하면 되니 특별히 어려울 것도 없습니다. 그런데 왜 망설이고 있을까요?

첫째는 압박감을 느끼기 때문입니다. 사람은 누군가를 만날 때 언제나 상대의 기분이 어떤지 살피며 자신의 행동을 결정합니다. 일부러가 아니라 무의식적으로 상대의 마음을 읽고 어떻게 행동해야 할지 순간적으로 판단하는 것입니다. 특히 누군가를 처음 만날 때는 상대가 어떤 사람인지 모르기 때문에 상대를 주의 깊게 관찰하고 행동도 신중해야 합니다. 일대일 만남에서도 이런 압박감을 느낄 정도이니 단체에 입회하려고 하는 경우 많은 사람의 기분을 읽고 적절한 행동을 선택해야 하므로 신경이 이만저만 쓰이는 게 아닙니다.

게다가 사람은 언제나 상황에 맞는 가면을 쓰고 삽니다. 회사에 있을 때는 회사원의 가면, 집에 있을 때는 가족의 가면, 상사를 대할 때는 부하의 가면, 부하를 대할 때는 상사의 가면, 부모를 대할 때는 자식의 가면 등 상황에 맞는 가면을 무의식적으로 고쳐 씁니다. 새로운 집단을 대할 때도 그 구성원의 마음에 들기 위한 가면을 쓰게 됩니다. 예의 바르고 밝고 사교적인 자신을 연기하는 셈인데, 사실 무척 피곤하고 번거로운 일입니다.

　이런 스트레스를 극복하고 지역 활동에 참여하기 위해서는 '유인誘因'이 필요합니다. 유인이란 어떤 일이나 현상을 일으키는 원인을 말하는데, 지역 활동 참여의 경우로 말하자면 압박감과 번거로움을 극복하고 참여할 정도의 매력이 되겠지요. 그럼 사람은 어떤 매력에 이끌려 지역 활동에 참여하게 될까요? 지역에서 개최되는 행사나 문화 강좌 참가자들에게 참여 동기를 물으면 대부분이 '치매를 예방하기 위해' 또는 '건강을 위해'라고 대답합니다. 즉 치매 예방 효과나 건강 증진 효과에 매력을 느껴 참여했다는 것입니다.

　그러나 막상 지역 단체가 치매 예방이나 건강 증진 효과를 내세우며 행사 참여를 독려해도 사람이 잘 모이지 않는 것이 현실입니다. 지역 단체가 노인들에게 심신 상태를 점검하는 질문지를 배포하여 회답을 받은 다음, 그중 상태가 좋지 않은 노인들을 위주로 인지 기능 및 운동 기능 저하를 예방하기 위한 행사에 초대할 때가 있습니다. 그러나 아무리 간병인 신세를 지지 않으려면 참여하는 게 좋다고 이야기해도 실제로 참석하는 사람은 적습니다. 그래서 왜 참여하지 않느냐고 물어보면 대부분 "아직 그럴 나이가 아니라서" 또는 "난 괜찮아서"라고 대답합니다.

　이처럼 명백히 손을 써야 하는데도 참여하지 않는 사람들이 있는 한편, 별다른 처치가 필요 없는데도 참여하는 사람들이 있습니다. 이 차이는 어디서 나오는 걸까요? 건강해지고 싶은 사람과 건강에 별 관심이 없는 사람이 따로 있는 걸까요? 그렇지 않습니다. 저의 생각으로는 지역 활동에 참여하는 사람들이 참여 이유로 내세우는 '치매 예방'이나 '건강 증진'은 단지 표면적인 이유에 불과합니다. 여러분은 어떻습니까? 치매를 예방하고 건강을 지키기 위해 혼자라도 모르는 사람들 사이에 들어가야겠다는 마음이 생깁니까?

제가 학창 시절에 들었던 이야기이니 40년도 더 된 듯합니다만, 지금도 기억에 남는 일화가 있습니다. 지바현 우라야스시에 있는 노인복지센터에서 한 할머니를 알게 되었습니다. 당시 우라야스시는 도쿄 디즈니랜드 건설을 위해 토지 조성 작업이 한창이었고, 개발 호재로 인해 도교로 출퇴근하는 회사원들이 이 오래된 어촌 마을로 활발히 유입되고 있는 상황이었습니다. 그 할머니도 그렇게 해서 아들 내외를 따라 이곳에 와 살게 되었다고 했습니다.

아들은 혼자 된 어머니가 걱정이 되어 자신의 집으로 모셨겠지만, 어머니로서는 아는 사람 하나 없는 낯선 곳에서 살아야 하는 데다가 고부 사이까지 좋지 않아 매우 외로웠습니다. 식사도 가족이 함께하지 않고, 며느리가 차려준 음식을 가져와

2층 당신 방에서 혼자 드셨다고 합니다. 그렇게 하릴없이 종일 창밖만 내다보던 할머니는 어느 날 무언가를 발견했습니다. 또래의 여성들이 매일 같은 시각에 할머니의 집 앞을 지나 어딘가로 가는 것이었습니다.

그래서 하루는 마음을 먹고 그들이 지나가는 시간에 현관 앞에 나가 청소하는 척하면서 인사를 건넸습니다. 그러자 그들 중 한 명이 "얼마 전에 이사하셨죠?"라고 물어보더랍니다. 그리고 "우린 지금 노인복지센터에 가는 길인데, 시간 되면 같이 갑시다"라고 권해주었습니다. 그 후로 할머니는 점심 도시락을 싸서 노인복지센터에 다니게 되었다고 합니다. 할머니는 그곳 사람들과 함께 이야기하며 밥을 먹는 게 무척 즐겁고, 친구가 생겨서 좋다고 저에게 이야기해주었습니다.

요컨대 '누군가 권유해주는 것'이 매우 중요합니다. 요즘은 어디에서 어떤 모임이 열리는지, 언제 어떤 행사가 있는지, 또 어떤 목적으로 열리는지 지역 단체 홍보나 홈페이지를 보면 알 수 있으므로 관심 있는 것을 선택해 혼자 찾아갈 수 있다면야 남의 권유가 필요 없을지도 모릅니다. 그러나 대부분의 사람에게는 치매 예방이나 건강이라는 촉진요인보다 압박감과 번거로움이라는 억제요인이 더 크게 작용합니다.

하지만 누군가가 권한다면 사정이 달라집니다. 나에게 무언가를 제안한 사람은 적어도 나의 존재를 인정해준 사람이기 때문에 그와 함께한다면 그곳이 나의 있을 곳이 될 수 있습니다. 그래서 권유를 받는 순간, 있을 곳이 생길 듯한 예감이 듭니다. 이것이 큰 매력으로 작용합니다. 물론 지인이 있으면 압박감도 줄어듭니다. "함께 간다"고 약속해놓으면 앞에서 말한 몰입이 작용하여 약간 부담이 되더라도 억지로라도 가게 되는 효과가 있습니다. 모르는 사람 사이에 들어가 새로운 일에 도전할 때는 누군가가 손을 잡고 이끌어주거나 등을 떠밀어주는 것이 행동을 일으키는 강력한 계기가 됩니다.

그러면 어떻게 해야 주변 사람들로부터 권유를 받을 수 있을까요? 간단히 말해 자기개시를 하면 됩니다. 남에게 약점을 드러내는 것 같아서 할 일이 없다거나 외롭다는 말을 입 밖으로 내기 싫을지 모르지만, 그렇게 하지 못하면 다음 단계로 나아갈 수 없습니다. 짧은 인사라도 나누는 사람이 있다면 "심심하다"거나 "자원봉사를 해보고 싶다"는 이야기를 해봅시다. 그러면 "다음번에 같이 가자"거나 "이런 모임이 있다"는 식으로 이야기가 이어질 수 있습니다.

실제로 제가 아는 어떤 사람은 단골 이발소에서 머리를 자르면서 주인 이발사와 이런저런 이야기를 나누다가 술자리에 초대를 받았다고 합니다. 그리고 그 술자리에서 지역 상인과 의사 등을 차례차례 알게 되어 언제부턴가 상점가의 큰 사업을 돕게 되었다고 합니다. 이발소에 가거나 동네 가게에서 물건을 사기만 해도 다른 사람과 이야기할 기회를 만들 수 있습니다. 마음의 울타리를 낮추고 타인과 사소한 이야기를 나누는 것, 즉 자기를 열어 보이는 것이 지역 활동 참여의 첫걸음입니다.

모임에 정착하면 수익자에서 운영자로 바뀌기도 한다.
혼자만의 삶의 보람만으로 보편적 가치를 충족하지 못한다.

지역 활동에는 마을 의회를 비롯한 각종 자치회, 체육관이나 공공기관 등에서 개최하는 행사와 문화 강좌, 노인회와 노인대학, 사회복지 협의회나 비영리단체NPO 등이 운영하는 봉사회, 노인인재센터, 일부 지역의 소방대 등 다양한 활동이 포함됩니다. 참여하고 싶은 활동이 있다면 지역 홈페이지를 통해 알아보거나 관공서 직원에게 물어서 일단 견학을 하면 좋을 것입니다. 노인인재센터나 유상 봉사회 등 보수를 약간 받을 수 있는 곳도 있고 무보수인 곳도 있고 참여비나 수강료를 내야 하는 곳도 있으니 이 점도 확인해야 합니다.

어떤 활동이든 처음에는 참여하는 데 의의가 있습니다. 노인대학도 재미있다고 해서, 친구가 생긴다고 해서, 치매 예방에 좋다고 해서 참여하는 사람이 대부분이지만, 이유가 무엇이든 일단 참여하면 그 나름의 놀라움이 있습니다. 그야말로 '원더풀'입니다.

그렇게 다니다 보면 참여하는 이유가 달라질 것입니다. 배움 자체가 즐거워지기 때문입니다. 다시 말해 지적 호기심을 채우는 기쁨에 눈뜨게 됩니다. 이는 자신의 내면에서 솟아나는 기쁨과 충실감이라는 내적 보상이 강화되어 내적 동기가 높아진 상태입니다. 일단 이 상태가 되면 더 배우고 싶고 더 다양한 경험을 해보고 싶은 마음이 생기는 선순환이 일어나고, 생애를 걸어서 추구하고 싶은 본분을 찾게 될 수도 있습니다. 그래서 노인대학을 졸업한 후에도 더 배우고 싶다거나 동료와 함께 활동하고 싶다는 사람이 많습니다. 그 증거로 수많은 졸업생 모임이 활발하게 활동하는 것을 들 수 있습니다.

나아가 그 모임에 정착하여 운영에 참여하게 되면 내적 보상이 더 커져서 행복감이 높아집니다. 자신의 지적 호기심을 채우기만 할 때는 배움의 기쁨이라는 이익을 받아가는 수익자였지만 이익을 배분하는 측으로 돌아서면 더 큰 기쁨을 얻을 수 있습니다. 어떤 도움이든 받는 사람보다 주는 사람이 더 행복하다는 심리 법칙이 있기 때문입니다. 요양 서비스나 봉사활동은 물론 노인회나 노인대학 등도 예외가 아닙니다.

일례로 오사카 노인대학의 경우, 2008년 하시모토 도루橋下徹 씨가 부지사일 때 정부의 재정지원이 끊어졌습니다. 그 후 잠시 폐교될 위기에 처했지만, 2015년 현재는 64과목의 강좌가 개설되고 수강생이 2,700명에 달할 만큼 번창하고 있습니다. 학생들 스스로가 지역의 관여가 없어진 것을 역으로 활용하여 비영리단체 법인을 설립하고 왕성한 활동을 펼친 덕분입니다.

중단된 지원금만큼의 운영비를 어떻게 충당할까? 수강료는 얼마로 정하면 좋을까? 보조금을 지원해줄 기업이나 상점은 없을까? 수강료를 내고서라도 참여하게 만들려면 강좌가 매력이 있어야 하는데 그러려면 무엇이 필요할까? 어떤 강사를 초빙할까? 홍보는 어떻게 해야 효과적일까? 이런 일을 전부 고령의 학생들과 졸업생들이 자발적으로 직접 실행하려니 무척 힘들었을 것입니다.

그러나 오히려 보조금이 있을 때보다 학교가 더욱 활기를 띠게 된 것은 모두가 자신의 힘으로 학교를 운영하는 것에 의의를 두며 큰 보람을 느낀 덕분입니다.

운영진은 비록 힘은 들지만 자신들의 노고가 고령자들의 삶의 보람을 되찾아주는 데 도움이 되는 것을 알았습니다. 심지어 재정 지원을 끊은 장본인인 하시모토 시장도 감사 인사를 전했습니다. 자신들의 활동에 대한 사회적 평가가 이처럼 높았으므로 운영진들도 큰 행복감을 느꼈을 것입니다.

바로 이 점이 지역 활동에 참여할 때의 최종 목표가 되어야 합니다. 물론 자신만의 주제를 찾아 그것을 혼자 차근차근 심화하는 것도 괜찮습니다. 그러나 거기서 끝나면 시시해집니다. 모처럼 찾아낸 '있을 곳'을 다시 잃게 되기 때문입니다. 또한 혼자만 즐기고 충족할 수 있는 활동 역시 자기실현의 한 방법이기는 하지만 그것이 사회적, 보편적 가치를 낳지는 못합니다.

정년 후의 직업에서 사회적 평가가 중요하듯, 지역 활동에서도 사회적 평가가 중요합니다. 사회적 평가가 높다는 것은 많은 사람이 그 일의 보편적 가치를 인정한다는 뜻이고, 그 일이 일정한 형태로 남에게 도움이 되고 있다는 뜻입니다.

예를 들어 집에서 혼자 그림을 그리거나 음악을 연주하는 것으로는 보편적인 가치를 만들어낼 수 없습니다. 그러나 발표회나 연주회 등을 통해 사람들과 소통하며 그들의 마음을 움직일 때 사회적, 보편적 가치도 함께 실현될 수 있습니다. 동일본대지진 후 대부분의 예술가가 "이럴 때 예술 행위를 해도 될까?"라고 고민했다고 말합니다. 그러나 그들이 피해지에서 전람회와 연주회를 개최함으로써 사람들에게 힘을 불어넣은 것은 모두 잘 아는 바입니다.

100년의 인생을 25년씩 구분하면 첫 25년간은 자신의 힘을 축적하는 시기입니다. 다음 25세에서 50세까지의 25년은 일을 해서 가정을 꾸리는 등 생활 기반을 정비하는 시기 즉 준비 기간입니다. 50대 이후에는 인생의 본분, 즉 자신이 정말로 하고 싶은 일을 찾아서 그 일을 하는 시기입니다. 자신이 정말로 하고 싶은 일을 하는 그때가 바로 50세부터 75세까지의 25년간입니다.

이 시기에는 자신이 타인과 사회에 도움이 된다고 느끼는 것이 매우 중요합니다. 자신이 즐거운 일을 하는 것도 중요하지만 타인에게 도움이 된다고 느낄 때 더 큰 행복을 느낄 수 있습니다. 그렇게 남에게 도움을 주었던 경험이 75세부터 100세까지의 25년간을 지탱할 것입니다. 타인을 줄곧 도와 왔던 사람이라면 누군가의 도움이 필요해졌을 때 그 도움을 기쁘게 받아들일 수 있기 때문입니다.

지역 공헌이란 '간접 호혜'다.
'일반 신뢰'가 높아지면 안심하고 살 수 있는 마을이 된다.

사회적 평가가 높은 지역 활동을 생각할 때 바로 떠오르는 말이 '지역 공헌'일 것입니다. 그러나 "지역 공헌이 대체 뭘 하는 일이냐"라는 질문을 종종 받습니다. 여러분은 어떻습니까? 지역 공헌이 어떤 일을 가리키는지 바로 감이 옵니까?

지역 공헌이란 간접 호혜를 통해 일반 신뢰를 높이는 일입니다. 무슨 소리인지 더 모르겠다고 하는 독자가 많을 테니 지금부터 구체적으로 설명하겠습니다.

앞에서 지역 단체가 치매 예방과 건강 증진에 도움이 되는 행사를 열고 참여를 독려해도 사람들이 좀처럼 모이지 않는다고 이야기를 했는데, 사실 이런 반응에도 지역 차가 있습니다. 예를 들어 나가노현 사쿠시에서는 행사 취지를 이해하고 행사에 참여하는 인원이 비교적 많은 편입니다. 그러나 대부분의 주민이 "나는 아직 끄떡없으니 쓸데없는 소리 하지 마라!" 하고 강하게 반발하는 지역도 있습니다. 진단 결과를 갖고 찾아가서 "기억력이 조금 감퇴하신 것 같아요. 저희에게 오셔서 함께 치매를 예방해나가면 좋겠습니다"라고 말하면 대부분의 노인들이 크게 반발한다는 것입니다.

어디서 이런 차이가 나오느냐 하면 바로 '일반 신뢰'의 유무에서 나옵니다. 사람이 느끼는 '신뢰'에는 '개별 신뢰'와 '일반 신뢰'가 있는데, 개별 신뢰는 특정 개인에 대한 신뢰, 일반 신뢰는 타인 일반에 대한 신뢰를 말합니다. 나가노현 사쿠시는 일반 신뢰가 높은 지역이기 때문에 행정기관의 호소가 순수하게 받아들여지는 것입니다.

사쿠시 시민들의 일반 신뢰가 높아진 것은 2차 세계대전 직후 사쿠종합병원 원장으로 취임한 고 와카스키 도시카즈若月俊一 씨 등이 지역의료와 예방의학을 위한 활동에 힘쓴 덕분입니다. 사쿠시는 원래 짠 음식을 즐겨 먹는 지역이라 타 지역에 비해 평균 수명이 길지 않았지만, 의사와 보건사가 지역 사람들 속에 침투하여 끈질기게 활동한 결과 일본에서도 손꼽히는 장수 지역으로 거듭날 수 있었습니다. 이처럼 의료인과 행정가가 지역 주민을 위해 힘쓰고 주민들이 그에 부응하면서 지역이 장수 마을로 거듭난 역사가 있기 때문에 주민들 사이에 타인을 신뢰하는 분위기가 싹텄고, 지역 전체의 일반 신뢰가 높아진 것입니다.

그러나 일반 신뢰가 낮은 지역에서는 행정기관이 아무리 호소해도 주민이 마음을 열지 않습니다. 타인 일반에 대한 신뢰감이 낮아 오히려 치매 진단을 받으면, 나라나 사람들로부터 무언가 불이익을 당할지도 모른다고 생각하여 거세게 반발합니다. 그런 사람들은 자신이 신뢰하는 특정한 개인, 예를 들어 과거에 자신의 병을 낫게 해준 의사 등이 권해야만 행정기관의 말에 비로소 귀를 기울입니다.

여러분은 환경범죄학의 유명한 이론인 '깨진 유리창 이론'을 알고 있습니까? 깨진 유리창 하나를 방치해두면 그 주변 유리창까지 모두 깨지고 파손된다는 이론입니다. 그 이론에 따르면 쓰레기를 함부로 버리는 등의 사소한 문제를 방치하면 그 지점을 중심으로 큰 범죄가 확산되기 시작합니다. 지역의 일반 신뢰가 낮은 상황도 '유리창이 깨진 상태'와 비슷합니다.

지역 주민들이 하천 부지에 불법으로 버려진 쓰레기를 치우고 그곳에 화단을 만들었다는 뉴스를 가끔 TV에서 접하게 되는데, 이는 깨진 유리창 이론을 응용하여 일반 신뢰를 높이려는 시도입니다. "쓰레기를 버리지 마세요"라는 푯말을 아무리 많이 세워놓아도 이미 쓰레기가 버려져 있으면 사람들은 계속 그곳에 쓰레기를 버립니다. 반면 쓰레기를 치우고 꽃을 심어놓으면 아무도 쓰레기를 버리지 않습니다.

몰래 쓰레기를 버리는 사람이 많은 마을은 일반 신뢰가 낮아 모두가 '저 사람도 쓰레기를 몰래 버리겠지', '다들 어두운 데서 무슨 짓을 하는지 몰라', '안심하고 살 수 없어'라고 생각합니다. 반면 마을을 깨끗이 청소하는 사람이 많은 마을은 일반 신뢰가 높아서 '사람들이 서로 배려하는구나', '모두가 마을을 소중히 여기고 있어', '안심하고 살 수 있는 곳이다'라고 생각합니다. 그래서 사람들이 마을의 일반 신뢰를 높이기 위해 쓰레기를 치우고 꽃을 심는 것입니다.

이것은 '간접 호혜성'에 기초한 행위입니다. 쓰레기를 줍고 꽃을 심는다고 지역 주민에게 직접적인 보상이 따르지 않습니다. 쓰레기를 줍고 꽃을 심는 행위는 받은 혜택에 대해 직접 보상하는 '직접 호혜', 즉 '주고받음'이 아니라 '간접 호혜'이기 때문입니다.

간접 호혜란 자신이 베푼 선행이 돌고 돌아 결국 자신에게 이르는 것을 말하는데, 일본에도 "정은 남을 위한 것이 아니다"라는 옛말이 있습니다. "마을 청소를 계속했더니 지역의 일반 신뢰가 높아지고 주민들이 서로 돕게 되어 나이를 먹어도 안심하고 살 수 있는 마을이 되었다." 이것이 바로 간접 호혜입니다.

따라서 '지역 공헌'이란 간접 호혜를 통해 일반 신뢰를 높이는 일, 단적으로 말해 쓰레기를 줍고 꽃을 심는 일입니다. 쓰레기를 줍고 꽃을 심으면 지역민들이 지역을 소중히 여기고 서로를 존중하게 되므로 모두가 안심하고 살 수 있는 마을이 됩니다. 그러면 여러분도 살기가 편해질 것입니다. 마찬가지로 지역 내 아동과 노인을 보살피거나 지역을 위해 직장에서 얻은 경험과 기술을 활용한다면 쓰레기를 줍고 꽃을 심는 것과 같은 효과를 볼 수 있습니다.

앞으로는 60대, 70대가 지역 부흥 활동의 주역이 될 것입니다. 지역 부흥이라면 행정기관이 하는 일이라고 생각할지 모르지만 사실은 그렇지 않습니다. 지역 부흥 활동에서는 안전, 안심, 청결, 즐거움, 행복 같은 긍정적인 감정을 퍼뜨리는 것이 매우 중요한데 60대, 70대야말로 풍부한 지혜와 경험으로 그런 일들을 왕성하게 추진할 수 있는 세대이기 때문입니다.

취미 친구를 만들고
학창 시절의 친구 관계를 부활시킨다

경험을 공유하고 기쁨을 나누면 즐거움이 배가 된다.
취미가 삶의 보람이 되기도 한다.

여러분도 학창 시절 운동회나 반 대항전, 합창 대회가 있을 때마다 방과 후에 친구들과 모여 연습을 하고 시합의 승패에 따라 다 함께 울고 웃었던 추억이 있을 것입니다. 지금도 그때를 떠올리면 설레는 마음이 되살아나 즐거워지지 않습니까?

성인이 된 후에도 마찬가지로 올림픽이나 월드컵, 세계육상 대회 등을 응원하다가 흥분해 자신도 모르게 처음 보는 사람과 얼싸안고 껑충껑충 뛰었던 경험이 있을지도 모르겠습니다. "우정은 기쁨을 두 배로 하고 슬픔을 반으로 줄인다", "슬픔은 나누면 반이 되고, 기쁨은 나누면 배가 된다"는 말이 딱 들어 맞는 장면이며, 무엇과도 바꿀 수 없는 행복한 순간, 귀중한 추억입니다.

그런데 나이를 먹을수록 이런 경험을 할 기회가 줄어듭니다. 여러분은 어떻습니까? 최근에 누군가와 함께 무언가를 크게 기뻐한 적이 있습니까?

원더풀한 삶을 위해서는 무엇이든 혼자 즐기기보다 다른 사람과 함께 즐기며 기쁨을 나누는 것이 좋습니다. 달리기 역시 혼자 해도 좋지만 친구와 함께 달리거나 경기에 참여하면 더 즐겁습니다. 사진도 혼자 찍을 수 있지만 친구와 함께 여행을 가서 사진을 찍거나 찍은 사진으로 전람회를 열면 더 즐거울 것입니다. 다른 사람과 체험을 공유하고 기쁨을 나누면 즐거움이 두 배가 됩니다.

우리는 종종 이런 말을 듣습니다. "인생 사는 보람을 찾았다", "취미가 사는 보람이다", "가족이 삶의 보람이다"라고 말이지요. 그런데 이 '보람'이란 대체 무엇일까요? 손주가 커나가는 모습을 보면서 사는 보람을 느끼는 사람도 있고, 여행에서 혹은 봉사 활동에서 사는 보람을 찾은 사람도 있으며, 돈벌이가 삶의 보람이 되는 사람도 있을 것입니다. 100명이 있으면 삶의 보람도 100가지가 있다고 해도 과언이 아닙니다.

일반적으로는 삶의 보람을 '자아실현적 삶의 보람'과 '대인관계적 삶의 보람'으로 나눌 수 있습니다. 자아실현적 삶의 보람이란 자신의 가치관에 기초하여 일, 학습, 취미, 봉사 등에 개인적으로 몰두하는 과정에서 얻는 만족감을 의미합니다. 그에 비해 대인관계적 삶의 보람이란 가족과의 생활이나 자녀 및 손주의 성장, 친구와의 사귐 등 타인과의 관계에서 느끼는 만족감을 가리킵니다. 그리고 나이를 먹을수록 자아실현적 삶의 보람보다 대인관계적 삶의 보람을 추구하는 사람이 많아집니다.

취미를 같이 즐길 수 있는 친구를 만들면 자아실현적 삶의 보람과 대인관계적 삶의 보람을 한꺼번에 얻을 수 있습니다. 또 타인과 체험을 공유하고 기쁨을 함께하기 적합한 환경도 확보할 수 있습니다. 따라서 원더풀한 생활을 위해 반드시 취미 친구를 찾으시기 바랍니다.

그렇다면, 앞으로 취미 활동을 시작하려는 사람은 어떻게 해야 할까요?

취미는 우선 경험해봐야 자신에게 맞는지 안 맞는지 알 수 있으므로 먼저 다양한 사람과 대화를 나눠봅시다. 그다지 친하지 않은 사이라도 취미 정도는 어렵지 않게 물어볼 수 있으니 일단 물어봅시다. 그러면 제각각 '등산', '고성 순례', '바둑', '노래 부르기'라고 대답할 것입니다.

누구나 취미 이야기를 좋아하니, 그들의 이야기를 일단 듣고 "저도 한 번 데려가주세요"라고 부탁해봅시다. "취미를 갖고 싶은데 무엇이 맞을지 몰라서 일단 한 번 경험해보려 한다"고 말해두면 나중에라도 나에게 맞지 않는다고 생각될 때 빠져나오기도 쉽습니다. 이처럼 취미 활동에 참여하고 싶다고 하면 사람들 대부분이 "그렇다면 한번 와 보세요"라고 이끌어줄 것입니다.

저 역시 만나는 사람들에게 시간 여유가 조금 나면 취미 생활을 하고 싶다고 말했더니 어떤 사람은 등산동호회에, 어떤 사람은 골프모임에 저를 초대해주었습니다. 게다가 둘 다 신발만 준비하면 도구는 다 빌려주겠다고 친절하게 말해주었습니다. 유감스럽게도 아직 실천하지는 못했지만 반드시 시간을 내서 두 군데 다 가 보려고 합니다.

또래 친구는 '마음의 있을 곳'.
친구와의 재회가 원더풀한 시간을 만든다.

"전처럼 일도 없어서 한가한 데다가 아이들도 품에서 떠나 부쩍 지난 세월을 되돌아볼 시간이 많아졌을 즈음 동창회 소식이 들려 왔습니다. 동창 모임에 나가 오랜만에 친구들과 이런저런 이야기를 하다 보니 옛 추억을 나눌 수 있어서 즐거웠습니다. 그 후로 종종 모임을 갖고 친구들을 만나게 되었습니다." 이처럼 60세 전후로 동창 친구와의 관계가 새삼 돈독해졌다는 사람이 많습니다.

학창 시절 친구와의 만남이 즐거운 가장 큰 이유는 서로 추억을 공유하기 때문인데, 사람은 유난히 청춘 시절의 추억을 많이 떠올리는 특성이 있습니다. 독자 여러분도 40대의 추억보다는 젊은 날의 추억이 자주 떠오르지 않습니까? 노인에게 전 생애에 대한 자전적 기억을 회고하게 했을 때 청소년기에서 초기 성인기의 기억이 가장 많이 회고되는 현상을 심리학에서는 '회고 절정Reminiscence Bump'이라고 합니다.

왜 그런가 하면 그 어느 시기보다 강렬한 감정을 동반하는 일들이 주로 10대 후반에서 30대 전반 청춘 시절에 많이 생기기 때문입니다. 가령 진학, 취업, 독립, 친구와의 갈등, 연애와 결혼과 같은 일들이지요. 마음을 강하게 뒤흔들어놓는 일들은 당연히 기억에 깊이 새겨지기 마련입니다.

또 청춘은 인생에서 가장 자유롭고 가능성으로 넘치는 시기입니다. 무거운 책임도, 답답한 굴레도 없이 자신의 미래는 무한하다고 의기양양하게 믿는 시절이지요. 그래서 지금은 잃어버린 시절, 자유와 가능성으로 넘쳤던 그 시절에 향수를 느끼고, 그때의 추억을 자주 떠올리는 것입니다. 즉 청춘을 함께 보낸 친구들과는 공유할 추억이 많은 데다 그들과의 만남은 언제나 달콤하고 절절하고 씁쓸한 향수를 불러일으킵니다. 또래의 친구는 이처럼 마음의 있을 곳이 되어 줍니다.

저는 학생들에게 이렇게 말하곤 합니다. "먼 훗날 너희들도 나이를 먹으면 지금 이 시절을 가장 많이 떠올릴 것이다. 지금을 뜨겁게 살지 않으면 나중에 인생 전체가 시시해진다." 젊은

이들이 다양한 일에 도전하며 생생한 놀라움을 느끼며 살기 바라는 마음에서 하는 말인데, 이 말을 뒤집어 보면 "사람은 나이를 먹어도 청춘 시절의 추억을 떠올리며 생생한 감정을 되살릴 수 있다"는 뜻도 됩니다. 친구들과 함께 옛날에 갔던 곳을 방문하여 원더풀한 시간을 보낼 수도 있습니다.

또한 나이가 들어서도 마음을 뒤흔드는 경험을 하게 되면 그때 느꼈던 강렬한 감정들이 기억에 강하게 남아서 훗날의 추억이 될 것입니다. 몸을 마음대로 움직일 수 없게 되었을 때는 추억만이 사람을 공허함에서 건져낼 수 있습니다. 그리고 원더풀한 경험에서 그러한 추억이 생겨납니다.

그러므로 옛 친구들과 지금은 소원하다고 해도 새로운 추억을 함께 만들어나가기 위해서라도 동창회에 한번 나가보는 것이 어떨까요? 술자리에 초대를 받았다면 거기에도 가 봅시다. 그리고 자기를 개시해보세요. 추억 이야기도 나누고 지금 관심 있는 일이나 해보고 싶은 일 이야기도 하다 보면 시야가 더욱 넓어지고 새로운 추억도 만들어질 것입니다.

그런데 최근에는 카카오톡이나 페이스북, 라인LINE 등 소셜 네트워크서비스SNS를 통해 친구나 자녀, 가족과 교류하는 고령자가 늘고 있습니다. 제가 가르치는 학생 한 명도 얼마 전에 할아버지가 친구와 페이스북을 하고 싶다고 해서서 가르쳐드렸다고 합니다. 그는 본가에서 떨어져 살기 때문에 부모와 형제, 조부모와 모바일 채팅을 통해 소통하고 있습니다.

손주가 조부모에게 SNS 사용법을 알려드리거나 멀리 떨어져 사는 가족이 SNS를 통해 서로 소식을 주고받는 것은 매우 좋은 일입니다. 고령자끼리 SNS로 교류를 심화하는 것도 아주 좋습니다. 실제로 동호회나 동창회의 SNS 이용률은 중년 이후 세대에서 폭발적으로 늘고 있다고 합니다. 그러나 거기에는 큰 위험이 도사리고 있습니다. 그 세대는 올바르게 디지털을 활용하는 능력이 부족해서 개인정보 유출이나 보이스 피싱 같은 사기 피해를 당하기 쉽다는 점입니다.

위에서 소개한 학생은 자신의 사진이 SNS에 유포되고 있다는 사실을 친구에게 듣고 알았습니다. 할아버지가 자신의 사진을 누구나 볼 수 있는 설정으로 페이스북에 올린 것입니다. 게다가 페이스북은 원칙적으로 실명을 요구하므로, 거기서 출신지나 거주지, 생년월일 등의 개인정보를 알아내서 다른 사람 행세를 하는 사기꾼이 많습니다.

라인*에서는 친지나 동료를 사칭해 돈을 뜯어내는 사기 수법이 유행하여 많은 피해를 낳았습니다. "전자화폐를 써야 하는데 어떻게 해야 할지 모르겠다. 편의점에 가서 전자화폐 선불카드를 사고 선불카드 식별번호를 사진으로 보내달라"고 하

---

* 한국의 카카오톡과 같은 메신저 프로그램.

면, 부주의한 사람들은 별 의심 없이 친지나 동료의 개인정보가 유출된 것을 모르고 식별번호를 보내기 쉽습니다. 전자화폐는 선불카드의 식별번호만 알면 즉시 사용할 수 있으므로 속았다는 것을 알았을 때는 이미 늦고 맙니다.

SNS 비밀번호를 정기적으로 바꾸도록 하고 인증번호를 입력하도록 보안절차를 강화했더니 개인정보를 빼내어 사기를 치는 사람들이 많이 줄었습니다. 그러나 새로운 수법이 또 나오지 않는다고 장담할 수 없습니다. 게다가 아직은 사기 피해가 젊은 층에 집중되어 있지만 고령의 이용자가 늘수록 고령자의 피해가 늘어날 것이 불 보듯 뻔합니다.

SNS에서는 얼굴이 보이지 않고 목소리가 들리지 않으므로 다른 사람 행세를 하기가 쉽습니다. 게다가 본인은 보안 관리를 철저히 하더라도 '친구'가 보안에 허술하면 정보가 새어나갈 수 있습니다. 이 점을 각별히 주의하여 모든 사람이 자신을 철저히 지키겠다는 생각으로 SNS를 이용할 필요가 있습니다.

부모의 죽음

부모의 늙음에 다가서다

쇠약한 심신을 이해하기는 어렵다.
자신의 늙음을 자각함으로써 부모의 늙음에 공감할 수 있다.

여러분 나이가 육십이 되면 부모는 팔십이 넘을 것입니다. 부모는 언제나 자식에게 베푸는 존재였지만 어느 순간부터 확연하게 늙기 시작하고, 그 무렵이 되면 자신의 신변의 일조차 완벽하게 처리하지 못합니다. 여러분은 부모가 늙고 약해졌다는 것을 알면서도 부모가 수시로 "이것 좀 해줘라, 저것 좀 해줘"라고 할 때마다 마음속으로 '귀찮아' 또는 '이제 그만 좀 해'라고 짜증을 낼 것이고, 가끔 그런 생각들이 입 밖으로 튀어나올 때도 있을 것입니다.

또 부모가 불법 방문판매나 전화사기를 이미 당했거나 조만간 당할 듯해서 걱정이 많을지도 모르겠습니다. 부모가 어리숙한 모습을 보일 때마다 화가 치밀고 실망스러워서 '내가 몇 번이나 조심하라고 했는데!'라고 생각하는 한편 이상하다는 생각도 들 것입니다. 'TV나 신문에서 그렇게나 조심하라고 이야기하는 데다 수법도 전부 빤한데 어째서 저러는 걸까?' 하고 말입니다.

자식은 부모가 젊고 건강했던 시절만 기억하므로 부모의 심신이 늙은 것을 진심으로 받아들이지 못합니다. 부모가 치매 증상을 보이며 여기저기 돌아다니는 등 누가 봐도 이상한 행동을 하는데도 전혀 눈치채지 못하는 자식도 있습니다. 의심을 하더라도 부모가 치매라는 사실을 차마 인정하고 싶지 않습니다.

부모가 자식에게 의존적이 되고 쉽게 사기를 당하는 것은 노화로 인해 심신이 쇠퇴했기 때문입니다. "이걸 해달라, 저걸 해달라" 하는 것은 몸을 전처럼 자유롭게 움직이지 못해서이기도 하지만 사실은 뇌가 쇠퇴해서입니다. 나이를 먹으면 뇌의 정보처리 능력이 저하되어 많은 정보를 한꺼번에 처리하지 못하기 때문이지요.

사람은 뭔가를 시작할 때 일단 계획을 세우고 어떻게 처리해나갈지 머릿속으로 상상해본 다음 행동을 개시하고 수행하고 완료하는 과정을 거칩니다. 이 과정에서 뇌가 매우 많은 정보를 처리하게 되는데, 늙은 부모는 무의식중에 스스로 그 과정을 해내기 어렵다고 느껴서 자식들에게 부탁하게 됩니다. 부모로서는 자신의 모자란 능력을 보충하기 위해 자연스럽게 취한 행동이지만, 여러분의 눈에는 그것이 '자기 생각만 하는 이기적인 행동'으로 비치는 것입니다.

전화사기에 속아 넘어가는 것도 뇌 기능이 저하된 탓입니다.

젊은 사람은 일반적으로 타인과 대화할 때 머릿속에 떠오른 것을 전부 말로 표현하지 않습니다. 무의식중에 상대의 의도와 감정을 읽어서 해도 되는 말과 해서는 안 되는 말을 구분합니다. 소위 순간적으로 '말의 행간'을 읽는 것입니다.

그러나 나이를 먹으면 그렇게 하기가 어려워집니다. 사회성을 기초로 한 인지 능력, 즉 '사회적 인지'가 저하되어 상대의 의도를 읽지 못하기 때문입니다. 그래서 상황을 정확히 판단하지 못하고 상대의 말 자체, 말의 표면적 의미에 반응하게 됩니다. 예를 들어 누군가 전화를 걸어 "엄마, 나야. 내가 회삿돈을 써버렸어. 아무에게도 말하지 말고 3,000만 원만 준비해줘"라고 말했다고 합시다. 젊은 사람이라면 금세 사기임을 알아채겠지만 사회적 인지가 저하된 노인은 그 말을 곧이곧대로 믿습니다. 그래서 "정말이니?"라고 확인하거나 "왜 그런 짓을 했어!"라고 깜짝 놀라거나 "엄마가 어떻게든 해볼게"라고 상대를 달래려 합니다.

물론 상대가 처음부터 속일 생각으로 교묘한 수법을 구사하므로 부모가 걸려드는 것도 무리가 아닙니다. 부모를 탓해서는 안 됩니다. 사회적 인지가 저하된 부모에게 알아서 조심하라고 하는 것은 무리한 요구이므로 주위 사람들이 대책을 세워야 합니다. 부모님 집 전화는 항상 부재중으로 돌려놓고, 음성 녹음을 들은 다음에 다시 전화를 걸도록 한다는 집도 있지만, 그러다 보면 긴급한 상황에서 연락이 되지 않는 데다 부모가 깜빡하고 전화를 받아버리면 아무 소용이 없습니다. 사실 뾰족한 대책이 없는 상황입니다.

　누구나 나이를 먹으면 인지 기능이 저하됩니다. 일본 후생노동성의 추계에 따르면 65세 이상인 사람 중 또래에 비해 인지 기능이 약간 낮은 경도인지장애*인 사람이 약 400만 명, 치매인 사람이 약 462만 명이라고 합니다(2012년). 특히 치매 발병률은 74세 이전에는 10% 이하였다가 85세 이상이 되면 40% 이상으로 훌쩍 뛰어오릅니다. 75세를 기점으로 치매 발병률이 대폭 늘어나는 것입니다.

　자식은 부모가 늙었다는 사실을 좀처럼 받아들이지 못하고, 부모가 줄곧 무언가를 찾고 있거나 똑같은 말을 반복할 때마다 짜증이 나고 걱정도 됩니다. 그럴 때마다 "또 잊어버렸어?", "아까 했던 말이잖아", "전혀 기억을 못하네"라고 지적합니다. 그리고 최근 들어 많이 생겨난 건망증 클리닉 같은 곳에 부모

---

* 정상 노화와 치매의 중간 단계로 기억력을 비롯한 인지 기능이 점진적으로 저하되나, 일상생활을 수행할 만한 능력은 보존되어 있는 상태.

를 모시고 와 치매 검사를 받으려고 합니다.

한편 부모는 아직 괜찮다고 부정하면서도 속으로는 자신의 기억력을 걱정합니다. 건망증이 심해졌다는 자각이 있는 사람과 잊어버린 것 자체를 잊어버려서 자각이 없는 사람이 있는데, 둘 다 가족에게 계속 지적을 받으므로 불안해하고 있을 것입니다.

그런 참에 건망증 클리닉에서 경도인지장애라는 진단을 받으면 어떨까요? 경도인지장애인 사람이 전부 치매에 걸리는 것은 아니지만 그런 진단을 받고서도 '나는 아직 괜찮다'라고 생각할 사람은 없습니다. '나도 곧 치매에 걸리겠구나'라는 생각에 침울해지거나 우울증이 생기는 사람도 있습니다. 설사 본인에게 결과를 알려 주지 않더라도, 기억력 검사나 치매 검사 때 자신이 질문에 제대로 대답하지 못한 것을 알고 있으므로 반응은 비슷합니다.

아리셉트와 같은 인지기능장애 치료제를 치매 초기 단계 때부터 복용하면 진행이 늦어지거나 기억 장애 등의 증상이 완화되기도 합니다. 그러므로 자녀가 진단을 서둘러 받으려 하는 것도 당연합니다. 그러나 경도인지장애 또는 치매 진단을 받고 우울증에 빠진 환자 본인이나 가족의 마음을 돌볼 장치는 아직 마련되어 있지 않습니다. 의사도 간호사도 요양사도 마음까지 돌봐주지는 않습니다. 따라서 부모를 건망증 클리닉에 모셔 가기 전에, 결과가 나온 후 부모와 가족의 심리를 어떻게 돌볼 것인지도 미리 생각해둘 필요가 있습니다.

경도인지장애 진단을 받는다고 반드시 치매에 걸리는 것은 아닙니다. 경도인지장애 진단을 받은 사람 중 70%는 인지 기능이 서서히 저하되었지만, 나머지 30%는 그렇지 않았다는 조사 결과도 있습니다. 그러나 일찍부터 경도인지장애 진단을 받고 치매에 대처한다 해도 뾰족한 수가 생기는 것은 아닙니다. 지금 있는 약으로는 치매를 완치할 수 없고 진행을 늦추는 효과가 반드시 나타나는 것도 아니기 때문입니다. 이처럼 의사에게 일찍부터 진료를 받는 것이 반드시 좋다고 말할 수 없다는 점도 치매 치료의 어려운 점입니다.

후생노동성은 이런 상황을 고려해 2013년에 '치매관리 5개년 계획', 일명 오렌지플랜을 발표하고 경도인지장애 또는 조기 치매 환자를 위한 견본 사업을 개시했습니다. 이는 치매가 의심되는 단계부터 '치매 초기 집중지원팀'에서 파견한 의료·요양 전문가들이 본인과 가족을 방문하여 도움을 주는 서비스로, 이 견본이 일정한 성과를 거두면 해당 사업이 제도화되어 전국에 보급될 예정입니다. 그러면 치매 초기 집중지원팀이 지역 포괄 지원센터 등에 설치되어 환자 본인이나 가족의 정신적 돌봄까지 담당하게 됩니다.

또한 고령이 되면 '노년 증후군'으로 불리는 다양한 증상과 질병의 악순환이 시작됩니다. 인지장애, 우울증, 골다공증, 요실금, 골절 등이 그것인데, 늙음이란 이런 심신 상태와 동행하는 것을 의미합니다.

부모는 이런 다양한 증상이 나타나거나 병에 걸려서 몸져누우면 자식을 대하기가 조심스러워집니다. 자식이 어릴 때는 부모가 자식보다 강했기 때문에 자식에게 이것저것 지시할 수 있었고, 자식은 부모의 말을 따를 수밖에 없었습니다. 그러나 부모가 늙으면 상황이 반대가 됩니다. 아무래도 자식의 힘이 부모보다 강해지다 보니 부모가 자식의 말을 따를 수밖에 없어지는데, 사실 이 변화를 알아채는 사람은 의외로 적은 것 같습니다. 자식이 하는 말은 다 부모를 위한 것으로 생각되기 때문입니다. 그러나 약해진 부모로서는 싫은데도 싫다고 말하지 못할 때가 많습니다.

그런 부모의 마음을 이해하고 부모의 과제를 자신의 과제로 느낄 수 있어야 합니다. 어려운 일이지만 그런 자세가 늙은 부모와의 관계에는 매우 중요합니다.

육십이 넘으면 자식도 늙기 시작합니다. 머리는 백발이 되고 숱도 많이 빠지며, 얼굴에는 주름이 깊이 파이고, 피로도 잘 풀리지 않아 몸도 여기저기 쑤실 것입니다. 그러면 자식은 자신의 늙음을 통해 부모의 늙음을 이해하게 됩니다. 자신의 늙음을 자각하는 것은 쓸쓸한 일이지만, 한편으로는 자신의 늙음으로 부모의 늙음을 이해하고 공감하며 부모와 부모 세대 사람들을 바라보게 됩니다. 자신의 늙음을 자각함으로써 남에게 친절해질 수 있는 것입니다.

가족에게 돌봄을 받는 것이 마냥 행복할까?
가족 요양의 환상과 함정.

여러분은 부모와 함께 살고 있습니까? 아니면 따로 살고 있습니까? 결혼을 했다면 대개 부모와 따로 살고 있을 것입니다. 현재 자녀 부부와 동거하는 부모는 전체 가구의 10%밖에 되지 않기 때문입니다.

얼마 전까지만 해도 자녀 부부와 동거하는 부모가 많았지만 지금은 그렇지 않습니다. 1986년에는 자녀와 동거하는 65세 이상의 고령자가 64.3%에 달했으나 2013년에는 그 비율이 40.0%까지 줄어들었습니다(2013년 '국민 생활 기초 조사'). 특히 자녀 부부와 동거하는 고령자는 46.7%에서 13.9%로 줄어들어 3분의 1 이하 수준으로 감소했습니다(독신 자녀와의 동거는 17.6%에서 26.1%로 증가).

부모와 독신 자녀와 함께 사는 가구수가 증가하는 것은 비정

규직의 확대로 젊은 층이 경제적으로 불안정해진 데다가 평생 결혼하지 않고 사는 사람이 많아졌기 때문입니다. 반면 결혼한 자녀가 부모와 함께 사는 비율은 계속 감소하고 있습니다.

이는 자녀 부부가 부모와의 동거를 바라지 않을 뿐만 아니라 부모 역시 자녀 부부와 함께 살기보다 따로 사는 것을 선호하게 되었기 때문입니다. 그 배경에는 자녀 부부와 사는 것이 불편하다는 마음과 자녀 부부에게 짐이 되기 싫다는 마음이 있습니다. 그래서 돌볼 사람이 필요한데도 부부끼리 어떻게든 생활을 해결해보려고 애쓰는 고령자가 많습니다.

실제로, 마지막 순간까지 정든 집에서 단둘이 사는 부모도 있고 스스로의 판단으로 요양원에 들어가는 부모도 있습니다. 그런데 간혹, 노부부 단둘이서만 살기는 도저히 무리인데도 스스로는 아직 괜찮다고 주장하는 경우가 있습니다. 주변에서 보기에는 이미 한계를 넘었지만 노화가 서서히 진행되는 탓에 본인은 심각성을 모르는 것입니다. 혹은 치매에 걸린 것도 모르는 데다가 자녀와 간병인이 왔다간 사실조차 잊어버리는 사람도 있습니다. 그 정도면 혼자서는 어떤 것도 할 수 없는 상태입니다. 그런 상태에서는 본인이 아무리 괜찮다고 우겨도 혼자 살도록 내버려두어서는 안 됩니다.

요양보험이 제공하는 다양한 서비스를 활용하고, 자녀가 부모의 집을 자주 들여다보는 것으로도 감당이 되지 않을 때에는 부모를 전문 시설에 모실지 자신의 집에 모실지 선택해야 합니다. 원래 부모와 동거하던 사람이라도 부모가 신변의 일을 스스로 처리하지 못하게 되면 그대로 자택에서 모실지, 시설로 모실지 선택해야 합니다. 과연 무엇이 현명한 선택일까요?

시설 입소를 선택할 경우에는 거의 모든 자녀가 복잡한 감정에 시달리게 됩니다. 부모를 직접 돌보지 못하는 데 대한 죄책감, 부담이 줄어드는 데 대한 안도감, 쓸쓸함과 해방감 등 상반된 감정에 사로잡혀 마음이 괴롭습니다.

실제로는 시설에 입소한 부모가 오히려 장수하는 경향이 있습니다. 영양 관리, 청결 관리도 받을 수 있고 몸이 안 좋아지면 전문가가 금세 손을 쓸 수 있기 때문입니다. 자녀는 그것을 알면서도 '괜찮다고 하시지만 사실은 시설에 들어가기 싫으실 텐데…'라고 생각합니다. 게다가 일부 친척들은 "부모를 시설에 보내다니 말도 안 된다. 부모를 버릴 셈이냐!"라며 쓸데없는 간섭을 하고 나서서 갈등을 부추기기도 합니다. 부양가족들의 속사정을 잘 모르는 상황에서 쉽게 말하게 되는 것입니다.

그 역시 부모를 걱정해 하는 말이니 마냥 비난할 수는 없습니다. 그러나 요양 관련자들도 멀리 사는 친척이 가장 골치 아프다고 입을 모아 말합니다. 게다가 치매가 상당히 진행되었는데도 집에 손님이 올 때마다 멀쩡해지는 사람이 있습니다. 평소의 모습을 못 보고 반짝 멀쩡해 있을 때의 모습만 보면 "아무릇지도 않은데 왜 시설에 보내는 거냐"고 화를 낼 수 있습니다. 만약 여러분이 멀리 사는 친척의 입장이라면 부모의 마음뿐만 아니라 부모를 시설로 보내셨다고 결정하기까지 자녀의 심정이 어땠을지도 헤아려보기 바랍니다.

그러면 부모를 집에 모실 경우에는 어떨까요? 일반적으로 "부모를 집에서 모시고 있다"라고 이야기하면 "효도한다"거나 "부모님은 행복하겠다"라고 말하는 사람이 많으므로 시설에 모실 때와 같은 갈등은 겪지 않을 것입니다. 하지만 늙은 부모와 동거하는 집에도 그 나름의 갈등이 있습니다.

부모와의 동거는 자녀의 집에 부모를 모시는 형태와 자녀가 부모의 집에 들어가서 사는 형태로 나뉘지만, 둘 다 부모가 약해진 뒤에 동거하는 것이므로 자녀의 세력이 압도적으로 강합니다. 즉 부모는 자녀에게 보호받는 처지가 되다 보니 자녀의 말을 거스를 수 없습니다. 게다가 자녀에게 돌봄을 받아도 그 '빚'을 갚을 길이 없습니다.

사람은 가족, 친구 등 친밀한 관계에서 서로의 힘이 불균형하면 고통을 느낍니다. 예를 들어 친구에게 빚을 지고 나면 어쩐지 떳떳하지 못한 기분이 들어 안절부절못하게 됩니다. 친구와의 힘의 균형이 무너져 재정적으로뿐만 아니라 심리적으로도 부채감을 느끼기 때문입니다. 이런 경우 빚을 갚기만 해서는 힘의 균형이 회복되지 않습니다. 돈과 함께 선물을 주는 등 무언가 더 돌려주어야 부채감이 상쇄되고 힘이 다시 균형을 이룹니다.

부모와 자식 사이에서도 마찬가지입니다. 타인이 자신을 위해 수고하게 만드는 것은 그 사람에게 빚을 지는 일입니다. 그래서 부모는 자신을 돌보는 자녀에게 심리적인 부채감을 느끼고 그것을 해소하고 싶어 합니다. 그러나 심신이 약해져 있어서 자녀에게 해줄 수 있는 것이 없습니다. 죽을 때 재산을 남길 수는 있겠지만 살아 있을 때는 아무것도 할 수 없는 것입니다.

이처럼 심리적인 부채감을 해소할 방법이 없으니 자녀의 말을 듣는 수밖에 없다고 느끼므로, 부모는 싫어도 싫은 감정을 내비치지 못하며 자신의 마음을 억누릅니다. 그렇지 않아도 자녀의 세력이 강한 상태라서 자녀의 말을 거스를 수 없는 데다 심리적인 부채감까지 더해지는 것입니다. 이렇게 되면 부모는 요양, 즉 '돌봄'을 자신의 자유를 빼앗는 '통제'로 받아들여 점점 더 큰 고통을 느낍니다.

한편 자녀는 부모가 아무것도 해주지 못하므로 점차 자신의 '돌봄'이 보상받지 못한다고 느끼게 됩니다. 그러면 부모를 위해 노력과 시간을 들이는 것이 부모에게 속박 또는 통제를 당하는 것처럼 느껴져서 고통스러워집니다. 그러나 "가족이 돌보아주는 것이 행복하다", "부모와 배우자를 돌보는 것은 애정

의 표현이다", "부모와 배우자를 돌보는 것을 힘들어해서는 안
된다"는 '가족 요양의 환상' 때문에 그 마음을 억누릅니다.

　가족 요양에 대한 이런 생각은 일핏 들으면 맞는 것 같기도
하고, 그렇게 해야 한다고 여전히 믿는 사람도 많지만, 환상은
어디까지나 환상일 뿐, 이는 현실과는 동떨어져 있습니다. 오
히려 가족 요양에는 돌봄이 통제로 변하게 되는 측면이 있어서
상대를 배려하는 마음으로 시작한 일이 결국은 고통으로 변하
기 쉽습니다. 그래서 분명 갈등이 있는데도 양쪽 다 싫다거나
괴롭다고 표현하지 못한 채 계속 참다가 비극적인 결말을 맞이
하고 마는 것입니다.

　물론 부모를 직접 돌보고 싶은 것은 자연스러운 마음이므로
그것을 부정하려는 것은 아닙니다. 단, 가족 요양의 환상에 사
로잡혀 무리를 해서는 안 됩니다. 부모와 함께 살면서 부모를
돌볼 경우에는 스스로 모든 일을 하려 들지 말고 요양보험이나
지역 단체, 봉사 단체 등 다양한 외부의 조력자를 활용하는 '열
린 요양'을 지향하는 것이 좋습니다.

　시설에 모시든 집에 모시든 각각에는 모두 장단점이 있으니
뭉뚱그려 어느 한쪽이 낫다고 말할 수는 없습니다. 단, 일본의
경우는 비용이 저렴한 특별 양로원은 요양 등급 3등급 이상을
받은 사람만이 들어갈 수 있는데, 전국의 대기자가 52만 명이
나 된다고 합니다. 유료 요양원 등을 이용할 경제적 여유가 없

다면 현실적으로는 부모를 집에서 돌보는 수밖에 없습니다. 게다가 정부는 돌봄을 '시설에서 재택으로' 유도하는 정책을 추진하고 있습니다. 따라서 앞으로도 저렴한 비용으로 이용할 만한 시설이 늘어날 전망은 희박합니다.

상황이 이러하다 보니 자녀는 부모나 자신이 사는 지역에 어떤 복지 서비스가 있는지, 공적인 영역과 사적인 영역을 두루 조사해둘 필요가 있습니다. 또 시설에도 다양한 유형이 있으므로 책이나 잡지, 인터넷 등으로 최신 정보를 알아둡시다.

사람은 대체로 수명의 약 10%, 즉 최후의 10년쯤은 많든 적든 남의 손을 빌리며 생활하게 됩니다. 부모가 지금은 건강하더라도 언젠가 그런 날이 꼭 올 것입니다.

부모의 최후를 지켜볼 때 가장 중요한 것은 '경의'.
경의를 갖고 부모의 존엄을 지켜라.

부모의 임종이 가까이 다가왔을 때 자식이 이런저런 판단을 내려야 할 경우가 있습니다. 예를 들어 음식을 먹지 못하게 되었을 때 위절제술을 실시하는 것이 나을지, 자가호흡이 어려워졌을 때 기관을 절개하고 인공호흡기를 다는 게 나을지, 신부전이 왔을 때 인공투석을 할 것인지, 심장이 멈췄을 때 심폐소

생술을 시도할 것인지 등등 말입니다. 의식이 흐릿해지거나 치매로 인해 부모가 스스로 의사 표시를 하지 못할 때, 의사는 배우자나 자녀에게 결단을 재촉하게 됩니다.

환자가 아직 젊다면 대부분 망설임 없이 연명치료를 받게할 것입니다. 그러나 여든, 아흔이 넘은 부모에게 어느 정도의 연명치료가 필요할까요? 몸을 절개하고 튜브를 삽입하는 행위에 얼마만큼의 의미가 있을까요? 이런 생각으로 고민하는 사람이 많을 것입니다.

우리는 일반적으로 '여든, 아흔의 고령이라면 굳이 몸을 절개해 튜브를 삽입해야 할까?'라고 생각하기 쉽습니다. 부모 스스로도 "회복할 가망도 없는데 위를 잘라내는 수술을 하면서까지 오래 산들 뭐하겠느냐. 음식을 못 먹게 되면 죽는 게 낫다"고 말하기도 합니다. 그런데 그게 과연 본심일까요?

어쩌면 부모는 내심 '위든 뭐든 잘라내서라도 더 살 수 있다면 그렇게 하고 싶다'고 생각하는지도 모릅니다. 일본인의 생사관이 달라져서 이제 '저세상'을 기대하는 사람이 많지 않고, 죽으면 끝이니 무조건 더 살고 싶다고 생각하는 사람이 많아졌을 것 같기도 합니다. 가족들은 '아흔을 넘기셨으니 이제 충분히 사셨다. 호상이니 편안하게 돌아가시게 하고 싶다'고 생각하더라도 본인은 '이제 곧 100세가 될 테니 그때까지 살고 싶다'고 생각하는지도 모릅니다.

설사 부모가 의식이 또렷할 때 연명치료를 하지 말라고 의사표현을 분명히 했다 해도 그것이 본심인지 아닌지 확신할 수 없습니다. 남은 가족이 힘들까봐 그렇게 말했을지도 모르고 치매가 있으면 자주 우울해지므로 그저 '빨리 죽고 싶다'는 생각이었는지도 모릅니다.

물론 가족은 좀 더 사셨으면 좋겠다고 생각하지만, 본인은 빨리 편해지고 싶다거나 이제 죽고 싶다고 생각할 수 있습니다. 또 치매가 있는 사람은 발병 초기부터 상대에 따라서 무슨 질문에든 긍정적으로 대답하는 경향이 있어서 진의를 알기 어렵습니다. 치매 환자는 "가망이 없는 상태에서 연명치료를 받으시겠어요?"라고 물어도 "네"라고 답하고 "연명치료를 안 받으실래요?"라고 물어도 "네"라고 대답하곤 합니다. 연명치료는 이처럼 매우 어려운 문제입니다.

한편 연명치료에 대해 이야기하다 보면 '존엄사'에 대한 설명을 빠뜨릴 수 없습니다. 의미 없는 연명치료를 중단하고 자신의 죽음을 스스로 결정하는 '존엄사'는 원래 말기의 불치병 환자들에게서 유래한 개념입니다. 즉 자신의 의사로 자신의 죽음을 결정할 수 있는 암 말기 환자 등에게 해당되는 이야기입니다. 그러나 고령화가 진행됨에 따라 불치병 말기이면서 치매 등으로 의사를 표시할 수 없는 사람이 늘어났습니다. 그래서 배우자나 자녀가 대신해 판단해야 하는 경우도 많아졌습니다.

그러면 고령의 부모가 있는 사람들은 그때를 어떻게 대비하는 게 좋을까요? 가능하면 부모가 아직 건강할 때 생각을 들어보는 것이 좋습니다. 물론 그것이 본심이라고 보장할 수도 없고 본심이어도 건강할 때와 약해진 후의 생각이 다를 수 있습니다. 그러나 설사 그렇다 해도 아무 이야기도 듣지 않는 것보다는 듣는 편이 낫습니다. 부모가 평소에 어떤 생각인지 알아두면 나중에 판단할 때 조금이라도 도움이 될 것입니다.

실제로 이런 문제는 닥쳤을 때 그 자리에서 의사와 가족이 의논하여 정하는 수밖에 없습니다. 판단은 병의 유무나 치료법, 영양 상태와 의식 수준 등에 따라 달라지고, 그곳이 병원인지 요양 시설인지 자택인지에 따라서도 달라집니다. 그 상황에 있지 않은 이상, 미리 어떤 말도 할 수 없는 것입니다.

단, 상황이 어떻든 한 가지만은 확실합니다. 연명치료를 판단할 때 부모에 대한 경의와 존중의 마음을 반드시 가져야 합니다.

위절제 하나만 놓고 생각하더라도, 위를 절제해야 입원이 가능한 병원도 있고 반대로 위를 절제한 환자를 아예 받아 주지 않는 시설도 있으니 무엇이 옳다고 딱 잘라 말하기 어렵습니다. 양쪽에서 정반대되는 말을 하면 무척 심란하겠지만 중요한 것은 "부모의 존엄을 지키고 싶다"는 마음입니다. 즉 부모를 둘도 없이 소중한 인격으로 인정하고 경의를 다해 부모의 삶과 죽음을 지켜보겠다는 마음만 있다면, 어떤 결정이 최선인지 저절로 알게 될 것입니다.

판단은 사람마다 다릅니다. 위를 절개하든 하지 않든 그것은 크게 중요하지 않습니다. 경의의 마음을 갖고 부모의 삶과 죽음을 진지하게 들여다보고 부모의 존엄을 지키는 방향에서 판단을 내린다면, 부모는 마지막 순간까지 행복하게 살다 떠날 수 있을 것입니다.

죽음으로 유대가 끊어지는 것은 아니다.
부모의 삶의 의미를 재구성하여 유대를 이어나간다.

장의사나 장례업체에서 도와주기는 하지만, 막상 부모가 돌아가시면 장례식장과 장례 준비를 하고, 친척과 친구, 지인에게 연락하고, 각종 신고를 하느라 정신이 없습니다. 그래서 진짜 슬픔은 장례가 끝난 후 한숨 돌릴 때 찾아올지도 모릅니다.

미국의 심리학자 토마스 홈스Thomas Holmes와 리처드 레어Richard Rahe의 '사회 재적응 평정 척도The Social Readjustment Rating Scale'에 따르면 '부모의 죽음'이 주는 스트레스 점수는 63점입니다. 사회 재적응 평정 척도란, 간단히 말해 생애 사건별로 스트레스 강도를 수치화한 것인데, '배우자의 죽음'이 생애 사건

중 스트레스 강도가 가장 높게(100점) 나타났습니다. 1960년
대 미국에서 발표된 연구 결과이므로 지금과는 상황이 다를 테
고 당연히 개인차도 있겠지만, 어느 정도 참고는 되리라 생각
합니다. 여기서 '부모의 죽음'에 '교도소 수감'과 똑같은 63점
이 주어진 것을 보면 부모의 죽음이 주는 스트레스도 매우 크
다는 것을 알 수 있습니다.

얼마 전까지만 해도 대부분의 사람은 죽은 사람을 빨리 잊
는 게 좋다고 생각했지만, 실제로는 그렇지 않다는 사실이 최
근에 밝혀졌습니다. 사람 사이의 유대가 죽음 이후에도 계속
이어진다는 사고방식을 '지속적 유대Continuing Bonds'라고 하는
데, 사람은 이 지속적 유대를 통해 사별의 충격에서 빨리 벗어
나 미래 비전을 찾을 수 있다고 합니다.

장인어른이 돌아가시고 얼마 후, 저는 코트와 재킷을 장인
어른의 유품으로 받게 되었습니다. 그 옷을 입을 때마다 "역시
멋쟁이셨어", "이 옷을 입고 해외에 갔다 오셨다고 했지?" 하
면서 장인어른의 인생을 떠올리며 고인을 추억하곤 합니다. 사
별한 사람과의 유대를 이처럼 이어가는 것은 고인을 마음속에
계속 간직한다는 뜻입니다.

여러분은 혹시 인형을 여행시키는 여행사를 알고 있습니
까? 손님이 보내준 인형들을 데리고 여행을 하며 인형이 차창
밖 풍경을 보는 모습, 명소를 관광하는 모습, 다 함께 모여 밥

을 먹는 모습 등 다양한 모습을 촬영하여 블로그에 올려주는 서비스입니다. 그리고 여행이 끝나면 인형과 여행 사진, 사진이 든 CD를 손님에게 보냅니다. 이 인형은 손님이 아끼는 어릴 적 친구이기도 하고 병으로 자유롭게 움직이지 못하는 손님의 분신이기도 하며, 죽은 자녀나 부모를 대신하는 존재이기도 합니다.

이 여행사는 사장이 혼자서 운영하는 일인기업인데, 해외에서도 의뢰가 들어오는 등 사업이 꽤 번창하고 있다는 소식을 TV에서 접하고 고개가 끄덕여졌습니다. 이런 서비스가 앞으로 더욱 다양해질 것입니다. 이것은 유대를 지속시키도록 도와주는 서비스이자 부정적인 생각을 긍정적인 생각으로 바꾸어주는 서비스이기 때문입니다.

부모를 여의고 난 자녀의 마음에는 많든 적든 '좀 더 잘해드릴걸' 하는 후회가 남습니다. 그러나 부모는 이미 세상을 떠났으므로 아무것도 해드릴 수 없습니다. 그래서 인형을 부모로 생각하여 여행을 보내드리면 어쩐지 마음의 빚이 조금은 줄어드는 듯한 기분이 되는 것입니다.

인형을 여행시키는 것보다는 시간이 더 걸리겠지만, 마음속으로 부모와의 유대를 지속하고 대화를 지속함으로써 자신과 부모의 관계를 재구성하여 부정적인 생각을 긍정적인 생각으로 바꿀 수 있습니다. 또 돌아가신 부모를 비롯한 '보이지 않는 사람들'을 마음속에 계속 간직하면 외로움도 덜 느끼게 될 것입니다.

사실 보이지 않는 사람들을 마음속에 간직하는 일은 90세, 100세의 고령자에게 매우 큰 도움이 됩니다. 몸을 자유롭게 움직일 수 없게 되었을 때 마지막에 남는 것은 자유로운 마음이며, 그 마음속에서 먼저 떠난 사람들과 계속 대화를 나눌 수 있기 때문입니다.

자신의 최후를 생각한다

진정한 '종활'은 자신만의 생사관을 확립하는 일이다.
뚜렷한 생사관을 갖고 후반생을 산다.

여러분은 소위 '종활*'을 들어보거나 경험해본 적이 있습니까? 부모와 사별하고 나면 '다음은 내 차례구나'라는 생각으로 갑자기 종활에 적극적으로 나서는 사람이 있습니다. 일반적으로 종활이라 하면 자신의 장례나 묘를 미리 계획하는 일이 주를 이루지만, 어떤 사람은 수의를 입고 관 속에 누워 보거나 수목장에 쓰일 묘지를 견학하거나 바다에 뼛가루를 뿌리는 해양장을 모의체험하기도 합니다.

그러나 이것을 진정한 종활이라 부를 수 있을까요? 우리는 맨눈으로 태양을 똑바로 보지 못하듯 자신의 죽음 또한 똑바로

---

* 끝내는 활동이라는 뜻으로, 일본 노인들이 인생을 잘 마무리하기 위하여 죽음을 준비하는 활동을 이르는 말.

보지 못합니다. 그래서 어떤 종활도 태양의 주변을 맴도는 행성처럼 죽음의 주변을 맴도는 일에 불과하지 않을까 싶습니다. 오히려 진정한 종활이란 자신 나름의 생사관을 갖추는 것이라고 생각합니다. 생사관이란 '삶과 죽음에 대한 생각', 즉 사는 법과 죽는 법에 대한 생각을 말하는데, 요즘 사람들은 생사관이 대체로 뚜렷하지 않은 것 같습니다. 우리가 오랫동안 죽음으로부터 멀리 떨어져 있었기 때문입니다.

제2차 세계대전 당시 군인과 민간인을 합하여 약 300만 명이 사망했다고 하는데, 그 뒤를 이은 고도경제성장기에는 사망자 수가 연간 60만 명에서 70만 명대 전반에 머물러 있었습니다. 그리고 1985년 이후 그 수가 늘기 시작해 2013년에는 약 127만 5천 명에 달했으며, 최근 3년 동안은 120만 명대로 유지되었습니다(후생노동성의 '2013년 인구 동태 통계 연간 추이'). 인구의 약 1%에 해당하는 수치입니다.

즉 연간 100명 중 한 명이 죽는 셈이니 우리가 다시금 죽음에 가까워졌다고 할 수 있습니다. 그러나 오랫동안 사망자 수가 적었던 데다 임종 장소가 집에서 병원으로 바뀐 탓에 우리는 아직도 죽음을 멀게 느끼는 경향이 있습니다. 그래서 생사관을 갖지 못한 채 죽음을 맞이하게 되었고, 이로 인해 죽음 앞에서 허둥지둥 당황하기 쉽습니다. 흡사 축제처럼 소란스러운 종활이 그 단적인 모습을 보여주고 있다고 말하면 화를 내는 독자도 있을지 모르겠습니다. 물론 죽음을 외면하고 사는 것보다는 소란스러운 종활이라도 경험해보는 것이 훨씬 낫겠지만 말입니다.

생사관을 갖추기란 쉽지 않은 일이라고 생각합니다. 한때 상당히 유행했던 엔딩 노트*가 요즘 완전히 시들해진 것도 노트를 채우기가 어렵기 때문일 것입니다. 저축이 어디에 있는지, 장례에 누구를 부를지, 어디에 묘를 쓸지는 쉽게 쓸 수 있지만 자신이 정말로 소중하게 여기는 것이 무엇인지, 연명치료를 어떻게 할지는 쉽게 쓸 수 없습니다. 그것은 생사관이 없으면 할 수 없는 이야기이기 때문입니다.

자신의 죽음을 똑바로 보지 못하는 것은 인간의 숙명인지도 모릅니다. 그러나 어떻게든 눈을 크게 뜨고 깊이 들여다보려고 노력하면 나름의 생사관을 갖출 수 있습니다. 부모의 죽음을 계기로, 앞으로 어떻게 살고 싶고 어떻게 죽고 싶은지를 생각해보면 어떨까요?

---

* 노인이 인생 말기에 맞는 죽음에 대비해 자신의 희망을 적어 두는 노트.

배우자 또는
자신의 중병

배우자가 중병에 걸렸다

부부 사이가 좋은 사람은 재활 성공률이 높다.
병을 이해하고 서로 도와야 한다.

제가 대학원생이었을 때, 연수 과정에서 어떤 실어증 환자의 재활을 담당한 적이 있었습니다.

40대 남성으로 그는 계단에서 발을 헛디뎌 넘어지면서 머리를 크게 다쳤고, 그때 입은 뇌 손상으로 실어증을 앓게 되었습니다. 하루 종일 일하느라 바빴을 아내는 입원 초기에는 매일같이 남편을 보러 왔습니다. 하지만 시간이 흐르자 조금씩 뜸해지더니 나중에는 일주일에 한두 번 정도 병원에 얼굴을 보였습니다. 보아하니, 흡사 다른 사람이 된 것 같은 남편의 모습에 좌절을 느낀 듯했습니다.

실어증은 뇌의 손상된 부위와 언어 증상에 따라 '운동성 실어증'과 '감각성 실어증'으로 나뉘는데, 운동성 실어증은 말은 비교적 잘 알아듣지만 소리를 말로 만들지 못하는 언어 표현능력의 장애를 동반합니다. 반면 감각성 실어증은 말을 곧잘 하는 듯하지만 무의미한 말만 만들어내며 상대의 말도 잘 알아듣지 못하는 언어 이해능력의 장애를 동반합니다. 그런데 그 남성은 감각성 실어 상태였습니다. 그래서 아내가 보기에는 남편이 자신의 말을 이해하지도 못하고 이상한 소리만 해대니 마치 다른 사람 같았던 것입니다.

훈련을 통해 점차 회복이 가능한 운동성 실어증에 비해 감각성 실어증은 재활이 어려워 무엇보다 가족의 협조가 꼭 필요합니다. 병원의 입원 치료를 통한 재활만으로는 시간이 부족해서 완전한 회복을 기대할 수 없습니다. 퇴원한 후에도 기력을 유지하면서 집에서 재활을 지속해야 하므로 가족의 도움이 없으면 회복이 곤란할 수도 있습니다.

그래서 저는 이대로는 힘들겠다는 생각에 의사에게 부탁해 아내에게 MRI 사진을 보여주고 환자의 뇌 상태를 설명했습니다. 그리고 환자가 이상한 소리만 내뱉는 것은 이런 이유에서다. 재활을 하면 좋아질 테니 아내가 매일 찾아오는 것이 무엇보다 중요하다고 호소했습니다. 아내는 남편이 이상해진 것이 병 때문임을 알고는 다시 병실을 매일 찾게 되었습니다. 그 후 연수 장소가 바뀌는 바람에 그를 마지막까지 지켜보지는 못했지만, 그 남성은 아마 퇴원 후에도 아내와 이인삼각으로 재활을 지속하여 성공적으로 회복했으리라 생각합니다.

후유증이 남을 만큼 크게 다치거나 큰 병에 걸리면 재활이 필요해지는데, 아무래도 부부 사이가 좋지 않은 사람은 좋은 결과를 기대하기 어렵습니다. 재활은 생각대로 되지 않는 심신과의 싸움이다 보니 아무래도 스트레스가 이만저만이 아니기 때문입니다. 부부 사이가 나쁘면 그 스트레스를 감당할 수 없습니다.

부부 사이가 좋아서 배우자의 아픔을 자신의 고통처럼 느끼는 사람은 순간순간 분노가 치밀더라도 상대를 계속 도울 수 있습니다. 같이 울고 웃고 화를 내면서 병을 극복해나가는 것입니다. 의사나 간호사가 아무리 애를 써도 배우자처럼 할 수는 없습니다. 자녀도 마찬가지입니다. 싸우면서라도 함께 헤쳐나갈 수 있는 사람은 배우자뿐입니다.

그러니 부부 사이가 벌어진 사람은 지금이라도 관계를 회복해야 합니다. 하지만 부부 사이가 좋은 사람도 나름대로 힘든 점이 있습니다. 상대의 병을 자신의 병처럼 느낀 나머지 너무 큰 충격을 받는다는 것입니다.

이미 아는 독자도 있겠지만, 정신과 의사 엘리자베스 퀴블러 로스Elizabeth Kubler Ross가 '죽음을 받아들이는 5단계 과정'을 제시했습니다. 죽음을 선고받은 사람은 '부정', '분노', '협상', '우울', '수용'의 5단계를 거쳐 죽음을 받아들인다고 합니다.

'부정'이란 마음속으로는 그 시한부 선고가 사실임을 알면서도 '무언가 잘못되었을 것이다' 또는 '거짓말이다'라고 부정하는 단계입니다. '분노'란 그 선고가 사실임은 인정하지만 '내가 왜 죽어야 하느냐'며 주변에 분노를 터뜨리는 단계입니다. '협상'이란 '불우한 사람에게 재산을 기부할 테니 목숨만 살려 달라'거나 '이제 곧 손자가 태어나니 손자 얼굴만 보고 죽게 해달라'는 등의 조건을 달아 죽음을 회피 또는 지연하려 하는 단계입니다. '우울'이란 도저히 죽음을 피할 수 없음을 깨닫고 절망하는 단계입니다. '수용'이란 곧 닥쳐올 죽음을 받아들이고 마음의 평온을 회복하는 상태입니다. 죽음을 앞둔 모든 사람이 반드시 이 순서를 밟는 것도 아니고 모든 단계를 거치는 것도 아니지만, 마음이 대략 이런 식으로 변한다고 생각하면 됩니다.

이런 마음의 변화는 시한부 판정을 받았을 때뿐만 아니라 위독한 병을 진단받았을 때, 장애가 남을 것이라는 말을 들었을 때도 일어납니다. 암 선고를 받거나 인공 투석이 필요하다는 진단을 받거나 앞으로 실명한다거나 걷지 못한다는 말을 들으면 본인뿐만 아니라 배우자도 동일하게 부정과 분노, 협상, 우울의 단계를 거칩니다. 그래서 정신을 차리고 환자를 도와야 할 배우자가 무너지게 되는데, 사실 이것은 어쩔 수 없는 일입니다. 상대의 목숨을 자신의 목숨만큼, 혹은 더욱 귀하게 여기기 때문에 나타나는 반응이기 때문입니다.

환자 본인이 시간이 지나면 수용 단계에 이르듯, 배우자도 시간이 지나면 수용 단계에 이릅니다. 그러기 위해 어느 정도 시간이 필요하기는 하지만 어쨌든 반드시 시간이 해결해줄 것입니다. 그러므로 배우자가 큰 병에 걸렸을 때는 초조해하지 말고 자신의 마음과 상대의 마음이 어떤 상태인지를 지켜보면서 매일의 치료와 재활에 힘쓰기를 바랍니다.

자신이 중병에 걸렸다

중병도 나쁜 것만은 아니다.

'병에 걸려서 다행이다'라고 생각을 바꾸면 행동이 바뀐다.

흔히들 '되도록 중병은 걸리고 싶지 않다', '중병에 걸리는 것은 부정적인 생애 사건이다'라고 생각합니다. 매우 일반적인 인식입니다. 그러나 실제로 암에 걸린 지 5년 된 환자들에게 "암에 걸려서 좋은 점이 있느냐"라고 물었더니 "목숨을 귀하게 여기게 되었다"거나 "사소한 일에 감사하게 되었다", "병에 걸린 사람들의 마음을 알게 되었다"는 등의 다양한 답이 나왔습니다. 물론 불안하거나 괴로운 적이 있느냐고 물으면 훨씬 더 많은 답이 나오겠지만, 어쨌든 병에도 긍정적인 측면이 있는 것입니다.

다만 이것은 유럽과 미국에서 실시된 조사이며 일본에서 "암에 걸려서 좋은 점이 있느냐"고 물었을 때는 별다른 답이 나오지 않았습니다. 암을 선고받고 하늘에 운명을 맡긴 채 치료를 받다 보면 대부분이 우울해하며 크게 불안감을 느끼는 듯합니다.

또 기독교라는 종교의 영향을 알게 모르게 받고 있는 대부분의 유럽과 미국 사람들과 달리 일본인은 대부분이 무교입니다. 여러 이유가 있겠지만, 어쨌든 일본인은 부정적인 일을 부정적인 채로 해석하려 하는 데 비해 구미인, 특히 미국인은 부정적인 일을 긍정적으로 해석하려 하는 경향이 강합니다.

이처럼 나쁜 일이 생겨도 그것을 긍정적으로 해석하도록 돕는 치료법이 '인지행동요법'입니다. 인지, 즉 사물을 이해하는 방식을 바꾸면 행동이 달라지는 것입니다. 설사 암에 걸려도 유럽과 미국 사람들처럼 '암에 걸려도 좋은 점이 있다'고 생각하면 불안에 시달리며 우울하게 지내지 않을 수 있습니다. 매일을 어둡게 보내든 밝게 보내든 결과가 같다면 밝게 보내는 편이 훨씬 낫겠지요. 아니, 어두운 마음으로 지내다 보면 식욕도 떨어지고 운동량도 줄어들고 면역력까지 저하되어 병세가 악화될지도 모릅니다. 일부러라도 좋은 방향으로 생각해야 결과도 좋아질 것입니다.

하지만 불안에 시달리고 있는 상황에서 혼자서 억지로 생각을 바꾸기는 어렵습니다. 그럼 어떻게 해야 할까요? 좋은 방법 중 하나는 환자 모임 등에 참여하는 것입니다. 갑자기 환자 모임을 찾아가기가 망설여지는 사람은 인터넷에도 다양한 환자 모임이 있으니 거기에 가입하거나 일반인도 참여할 수 있는 행사를 찾아가면 됩니다. 그러면 같은 병을 앓는 사람들의 이야기를 들으며 서로 공감하고 괴로움을 나눌 수 있을 것입니다. 불안에 시달리거나 장애가 남은 상태라 해도, 적극적으로 사는 사람들의 모습을 보면 자신의 괴로움이 조금은 작게 느껴지기 마련입니다. 그러다 보면 생각하는 것도 서서히 바뀝니다.

특히 혼자 사는 사람에게는 모임의 회원들이 가족 같은 존재가 되어 줄 것입니다. 그들은 같은 병을 앓고 있으므로 여러분의 마음을 깊이 공감하며 이해해줄 것이기 때문입니다. 재활이 얼마나 힘든지도 잘 알고 있으니 여러분을 따뜻하게 격려해 줄 것입니다. 처음에는 자신의 문제로 머리가 복잡하여 주위의 따뜻한 마음을 알아차리지 못할지도 모릅니다. 치료법이나 보조 도구에 관한 정보만 얻으려 할지도 모릅니다. 그러나 시간이 좀 지나 서서히 여유가 생기면 주위 사람들이 눈에 들어오게 됩니다. 그러면 그들로부터 도움을 받고 있다는 것을 깨닫고 스스로도 남을 도울 수 있습니다. 인지가 바뀌는 것입니다.

병이나 장애가 없어야만 남을 도울 수 있는 것이 아닙니다. 병이 무거워도, 장애가 있어도 인생을 즐길 수 있습니다. 그런 여러분의 모습이 동료에게 힘을 줄 것이고 사회에도 좋은 영향을 미칠 것입니다. 그때가 되면 여러분도 병에 걸려서 좋은 점도 있다고 말할 수 있을 것입니다.

큰 병이 생기면 어쩔 수 없이 자신의 죽음을 마주하게 된다.

그 후 삶의 방식이 바뀌기도 한다.

갓 오십을 넘겼을 때 뇌경색으로 쓰러진 지인이 있었습니다. 기억을 연구하는 학자인데, 건강을 회복한 지금은 학교로 복귀해서 다시 연구를 하고 있지만, 쓰러질 당시에는 죽음을 매우 가까이 느꼈다고 합니다. '나도 죽는구나' 즉, 자신이 유한한 존재임을 깨닫고 자신을 다시 들여다보았다는 것입니다. 그리고 정년까지 남은 15년간, 연구자로서 자신의 연구를 어떻게 정리하고 발표할지 생각하게 되었다고 합니다.

그래서인지 그는 퇴원하자마자 책을 냈습니다. 저도 전에 책을 쓰려 하다가 포기했던 적이 있습니다. 이번에는 이런 주제로 책을 쓰겠다고 출판사와 이야기까지 마쳤는데 다른 일에 쫓겨 좀처럼 원고를 정리하지 못했습니다. 바빠서 쓸 시간이 없다고 핑계를 대면서 2년이고 3년이고 쓰다 만 원고를 방치했습니다. 그는 아마 그렇게 잠들어 있었던 원고를 단숨에 정리해서 해치운 모양입니다. 사람은 시간이 있다고 생각하면 일을 뒤로 미루게 마련입니다. 그러나 그는 발병을 계기로 주어진 시간이 유한함을 절감한 것입니다.

중병으로 죽음을 마주한 순간에 무엇을 느끼고 무엇을 결심했는지가 이후의 삶에 큰 영향을 미칩니다. 죽음과 마주함으로써 인생에서 무엇이 소중한지 깨닫기 때문입니다.

본인과 배우자의 중병은 일상을 확 바꿔놓을 만큼 중대한 생애 사건입니다. 그러나 대처하기에 따라서는 이후의 삶을 충실하게 만들 계기가 되기도 합니다. 이처럼 중병에 잘 대처하기 위해서는 자신의 마음을 면밀히 관찰하는 '자아 성찰 능력'이 필요합니다. 이 '자아 성찰 능력'은 '메타 인지'로도 불리는데 자신의 사고와 행동을 객관적으로 보는 능력, 즉 또 하나의 자신의 눈으로 자신을 보는 능력을 말합니다. 이것은 지구상에서 인간만이 갖춘 능력으로, 인간은 이 능력을 활용하여 사색을 심화하고 행동을 개선할 수 있습니다. 그러므로 죽음을 두려워하는 데 그치지 않고 죽음과 마주함으로써 인생을 풍요롭게 보낼 수 있습니다.

따라서 중병처럼 중대한 생애 사건이 일어났을 때 그 사건을 발전의 계기로 삼으려면 평소부터 자아 성찰 능력을 길러두는 것이 중요합니다. 그럼 어떻게 해야 자아 성찰 능력이 길러질까요? 한마디로 말해 다양한 경험을 쌓으며 스스로 사고해야 합니다.

길거리에서 함부로 행동하는 젊은이를 보았을 때를 예로 들어봅시다. '요즘 젊은것들이란!' 하고 혀만 찰 것이 아니라 '저 아이는 왜 저런 행동을 할까', '저렇게 해서 무엇을 호소하려는 걸까'라고 생각해보자는 것입니다. 신문을 읽을 때도 기사를 글자 그대로 받아들이기보다 '이 기사의 이면에는 어떤 의도가 있을까?' 또는 '다르게 생각할 수는 없을까'라고 생각해봅시다. 물론 자신의 행동에 대해서도 '내가 왜 그런 행동을 했을까' 또는 '내가 한 말은 본심이었을까'라고 생각해봅시다. 그런 사소한 생각이 쌓이면 자아 성찰 능력이 높아져서 큰일을 당했을 때도 위기를 극복할 수 있습니다.

6장

생애
사건

노화의 진행

기억력 쇠퇴와
신체 능력 저하를 자각한다

사람 이름이나 물건을 둔 자리가 잘 기억나지 않는다.
어떻게 뇌의 노화를 보완할 수 있을까?

나이를 먹으면 사람 이름이나 가게, 물건의 이름 따위가 잘 생각나지 않습니다. 그중에서도 특히 사람의 이름이 떠오르지 않아서 "이런, 그 사람 이름이 뭐였더라? 저번에 왔던 머리 긴 사람 말이야"라며 머리를 쥐어뜯는 일이 자주 생깁니다. 이처럼 말이 혀끝에 걸려서 나오지 않는 현상을 심리학에서는 '설단 현상Tip Of the Tongue Phenomenon'이라고 합니다.

저도 예외가 아니어서 사람의 이름이 생각나지 않을 때가 많습니다. 특히 잘 아는 사람을 눈앞에 두고도 이름을 기억해내지 못하면 민망하고 초조하기 짝이 없습니다. 저는 "제가 나이가 들어 뇌가 쇠퇴해서 그렇습니다"라고 설명이라도 하지만 대부분의 사람들은 드러내놓고 변명도 못하면서 속으로 상처만 받는 것은 아닌지 걱정이 됩니다. 앞에서 '노성 자각' 이야기를 했는데, 이 설단 현상은 노안과 함께 '안으로부터의 노성 자각'의 대표적인 현상으로 꼽힙니다.

또 나이가 많아지면 건망증도 심해집니다. 우리는 기억력이 나빠졌다는 말을 자주 쓰지만 사실 '기억력'이라는 능력은 존재하지 않습니다. 기억이란 '등록→저장→회상'이라는 일련의 과정입니다. 기억력이 나빠졌다는 말은 기억의 첫 단계인 '등록 능력'이 저하되었음을 뜻합니다. 반면 사람의 이름이 생각나지 않는 것은 기억의 마지막 단계인 '회상 능력'이 저하되었기 때문입니다. '저장 능력', 즉 일단 기억한 것을 계속 기억하는 능력은 치매 환자 등을 제외하면 나이를 먹어도 쇠퇴하지 않습니다. '맞아, 스즈키 씨였지'라고 이름이 나중에 떠오르는 것도 기억 자체는 남아 있기 때문입니다.

그런데 사람들은 흔히 노인보다 젊은이의 기억력이 더 좋을 거라고 생각합니다. 가령 교수가 "다음 수업에 올 때는 오늘 강의 내용 요약본과 배포 자료, 삼각자를 갖고 오세요"라고 말했다면 노인들이 준비물을 더 많이 빠뜨리리라 예측할 것입니다. 그러나 실제로는 젊은이들이 노인들보다 준비물을 더 못 챙기는 것으로 나타났습니다. 특히 강의와 직접적인 관계가 없는 삼각자를 가져오지 않은 젊은이가 상당히 많았습니다. 왜 그럴까요? 젊은이들은 메모를 하지 않았고 노인은 메모를 했기 때문입니다. 젊은이가 자신의 기억에만 의존하려 한 데 비해 노인은 메모를 '기억 보조 도구'로 활용했습니다.

자신의 부족한 점을 보완하는 메모 등의 행동을 '보상補償'이라 합니다. 예를 들어 무려 80년간이나 피아노 연주로 청중을 감동시켰던 전설의 피아니스트 아르투르 루빈스타인Arthur Rubinstein은 80대가 되어서도 성성한 정신을 잃지 않고 젊을 때와 똑같은 연주 실력을 보여주었다고 합니다. 거기에는 연령에 따른 쇠퇴를 보상하는 장치가 숨어 있었습니다. 그는 주곡들을 뽑아 반복적으로 연습했고, 점점 템포가 빨라진다 싶으면 빨라지는 곳의 앞부분은 의식적으로 더 천천히 연주했다고 합니다. 고령임에도 그는 그렇게 연습할 때마다 매일 조금씩 실력이 늘어가는 것을 느꼈다고 합니다. 이처럼 보상 기술만 있으면 심신의 쇠약을 보완할 수 있습니다.

노화 현상 중에서도 물건을 자주 찾게 되는 것, 즉 물건을 어디에 두었는지 잊어버리는 것은 기억력보다는 주의력에 관한 문제입니다. 학자에 따라 주의력을 분류하는 방법에는 여러 가지가 있지만, 여기서는 주의력을 선택적 주의력, 초점적 주의력, 분배적 주의력, 지속적 주의력으로 나누어 설명해보겠습니다.

먼저 '선택적 주의력'이란 무언가를 선택해 거기에 주의를 기울이는 능력을 말합니다. 연회장처럼 시끌시끌한 곳에서도 우리는 상대방의 이야기를 잘 알아들을 수 있습니다. 이것은 선택한 상대에게만 주의를 기울이기 때문인데, 이럴 때 필요한 것이 선택적 주의력입니다.

'초점적 주의력'이란 책이나 음악 등 특정한 일에 집중하는 능력을 말합니다. '분배적 주의력'이란 그와는 반대로 둘 이상의 일에 주의를 배분하는 능력으로, 운전할 때나 요리할 때 특히 필요합니다. '지속적 주의력'은 주의력을 지속시키는 능력을 말하는데, 사실 우리는 주의력을 그다지 오래 지속하지 못합니다. 그래서 수업이나 업무 틈틈이 휴식을 취하며 주의를 환기해야 합니다.

나이 많은 사람이 물건을 잘 잃어버리는 것은 네 가지 주의력 중 분배적 주의력의 저하와 관련이 있습니다. 열쇠나 안경을 어디에 두었는지 생각나지 않아서 매일 아침 찾아다니거나 외출할 때마다 손수건이나 볼펜을 어딘가에 두고 오는 것도 분배적 주의력이 약화되었기 때문입니다. 분배적 주의력이 높은 사람은 여러 가지 일을 동시에 처리하거나 다른 생각을 하면서 일을 해도 그 모든 일에 주의를 기울일 수 있습니다. 따라서 열쇠는 신발을 벗으면서 신발장 위에 두었고 손수건은 테이블 위에 두었다고 기억하는 것입니다. 그러나 분배적 주의력이 약해지면 동시에 여러 가지 일에 주의를 기울이기가 어려워져서 그중 무언가를 쉽게 잊어버리곤 합니다.

일전에 저의 지인이 제게 "모자가 없어졌어. 귀신이 가져갔나 봐"라고 말한 적이 있습니다. 아침에 일어났더니 전날 분명히 쓰고 나갔던 모자가 보이지 않아서 침대 밑, 쓰레기통 안까지 뒤져봤지만 못 찾았다는 것입니다. 저는 그 말을 듣고 "귀신이 가져갔다니, 정말 좋은 표현이구나"라고 감탄했습니다.

심리학에 '원인 귀속'이라는 현상이 있는데, 이유 모를 사건이 벌어졌을 때 그것을 자신의 탓으로 돌리는 것을 '내적 원인 귀속', 다른 사람의 탓으로 돌리는 것을 '외적 원인 귀속'이라고 합니다.

복권 사는 것을 예로 들자면, 복권을 사려고 사람들이 길게 줄을 선 곳을 일부러 찾아가 한참을 기다렸다가 사는 사람이 있습니다. 당첨자가 많이 나온 곳이라서 그런다고 하는데, 사실 복권은 어디서 사도 당첨 확률이 같습니다. 많이 팔리니 당첨도 많이 되는 것일 뿐, 이성적으로 생각하면 당첨 확률이 똑같은데도 줄을 서는 것입니다.

아마도 거기에는 어떻게 해야 복권에 당첨이 되는지 모르니 정성과 노력을 들여서 당첨 확률을 높이려는 마음이 작용했을 것입니다. 즉 자신이 노력하면 당첨될 수 있다고 믿는 것입니다. 이것이 내적 원인 귀속입니다.

한편 지갑이 없어졌을 때 우리는 보통 누가 훔쳐 갔을 거라고 생각합니다. 이렇게 남 탓, 즉 외적 원인 귀속을 하는 것은 그렇게 해야 마음이 편하기 때문입니다. '내가 잃어버렸다', '내 잘못이다', '나이를 먹어서 둔해졌다'라며 내적 원인 귀속을 하면 자책감 때문에 괴로워집니다.

사람은 일반적으로 좋은 일은 자기 탓, 나쁜 일은 남 탓으로 돌리는 경향이 있는데, 그처럼 "네가 훔쳤지?"라며 남 탓을 하다 보면 싸움이 되기 십상입니다. 그러나 "귀신이 가져갔다"며 귀신 탓을 하면 아무도 상처 받지 않습니다. 남의 감정을 건드리지도, 자책감을 느끼지도 않고 웃으며 이야기할 수 있는 것입니다.

그런데 모자를 잃어버리는 정도라면 괜찮지만 귀중한 물건을 잃어버린다면 상황은 무척 곤란해지겠지요. 이런 분배적 주의력의 쇠퇴를 보상할 기술은 없을까요?

가장 간단한 방법은 손가락으로 가리키며 확인하는 것입니다. 종종 지하철역에서 역원이 '전방 안전 확인! 후방 안전 확인!'이라고 외치는 것을 볼 수 있는데, 이들은 손가락으로 확인한 곳을 가리키는 동시에 말로 소리를 내어 메시지를 더 명확히 전달합니다. 이들처럼 '열쇠는 신발장 위'라고 말하면서 신발장을 가리키면 열쇠를 둔 곳을 잊지 않게 됩니다.

집을 나서자마자 '가스를 잠갔나' 싶어 불안해질 때가 종종 있는데, 이것도 분배적 주의력의 문제입니다. '늦겠어. 빨리 나가야 해'라는 생각에 정신이 팔려 가스를 잠갔는지 기억하지 못하는 것입니다. '가스 확인!'이라고 말하면서 가스 잠금장치를 가리키면 좀 더 잘 기억할 수 있습니다.

다만, 서두르다 보면 확인하는 것 자체를 잊어버립니다. 게다가 중요한 일이 있거나 감정적으로 격해져 있거나 무언가에 집중하다 보면 그 일에 뇌의 정보처리 능력이 전부 집중되므로 다른 일에 신경을 쓰지 못합니다. 아주 바쁘거나 걱정거리가 있을 때는 확인하는 것 자체를 잊어버리기 쉽습니다.

이럴 때는 어떻게 대처해야 할까요? 일단은 자신의 정보처리 능력이 저하되고 있음을 순간순간 자각해야 합니다. 그리고 집중할 필요가 있을 때는 여러 가지 일을 동시에 하지 말고 순서대로 하나씩 처리하는 것이 좋습니다. 그것이 주의력 저하를 보상하는 기술입니다.

참고로 분배적 주의력이 필요한 요리를 자주 하면 뇌의 정보처리 능력이 향상된다고 주장하는 사람이 있는데, 사실은 그렇지 않습니다. 정보처리 능력이 저하되면 요리가 서툴러지는 것은 사실이지만 요리를 한다고 정보처리 능력이 높아지는 것은 아닙니다. 요리를 자주 하면 요리가 능숙해질 뿐, 자동차 운전을 잘하게 되거나 건망증이 사라지는 것은 아닙니다.

무리하게 움직이다가 몸살이 나거나 다칠 수 있다.
스스로 생각하는 자신과 현실의 자신의 차이를 알아야 한다.

작년에 지인 하나가 100미터 달리기에 나갔다가, 골인하는 순간 넘어져 뼈가 부러졌다고 합니다. 또 다른 지인은 마을 마라톤 대회에 나가려고 매일 아침 달리기 연습을 하다가 발목을 비끗해 다쳤다고 합니다.

대개 동호회나 마을 운동회에서 경주를 하다가 넘어지는 사람은 노인이 아닌 중년 남성입니다. 노인은 자신의 늙은 몸에 적응이 되어 있는 데 반해 중년 남성은 스스로 생각하는 자신과 현실의 자신이 동떨어져 있기 때문입니다. 그들은 지금도 자기들이 청춘인 줄 알고 현재의 신체 능력과는 관계없이 젊었을 때처럼 행동하지만 몸이 마음대로 움직여 주지 않아 부상을 입거나 무리를 하여 몸살이 나는 것입니다.

이처럼 동호회나 마을 운동회에서 넘어졌던 사람들은 평소에 운동을 하지 않았을 것입니다. 그러나 요즘은 그와 정반대로 운동복을 제대로 갖춰 입고 젊은 사람들마냥 열심히 운동하는 중년들을 자주 봅니다. 그런 사람들은 뒤에서 보면 젊은이 같아서 얼굴을 봐야 나이를 알 수 있습니다. 그들을 볼 때마다 저는 '저렇게 무리하게 운동하는 게 과연 몸에 좋을까?' 하고 고개를 갸웃거리게 됩니다.

젊음을 유지하고 싶은 마음은 충분히 이해가 되고, 근력 운동을 하면 근육이 단련되는 것도 사실입니다. 그러나 내장 기관은 어떨까요? 서서히 노화하고 있는 심장이나 폐 같은 장기는 속에서 비명을 지르고 있을지도 모릅니다. 적당한 운동은 내부 장기에도 좋지만 젊은이 못지않은 체형을 유지하려면 상당히 혹독한 훈련이 필요하기 때문입니다.

건강 진단을 받을 때마다 의사가 적당한 운동을 하라고 조언하는데, 사실 처음부터 그렇게 하기 쉽지 않습니다. 사람은 일단 일이 잘되어야 몰입하게 되기 때문입니다. 운동을 해서 살이 빠지거나 근육이 늘거나 기록이 좋아지는 등의 효과가 나기 시작하면 운동하는 재미가 붙습니다. 그리고 점점 깊이 빠져들어 어느새 헤어나지 못하게 됩니다.

운동을 하면 어느 정도까지는 자신의 생각대로 신체 능력이 향상될 수 있습니다. 그래서 푹 빠지게 되는 것이지만, 어떤 지점부터는 자신이 생각하는 것만큼 신체 능력이 향상되지 않습니다. 몸이 전처럼 젊지 않기 때문인데, 본인은 계속 운동을 하고 있으니 신체 능력이 계속 향상될 것이라고 생각하는 탓에 생각과 현실에 격차가 생깁니다.

물론 운동은 중요합니다. 근육을 단련하고 균형 감각을 기르면 평소에 잘 넘어지지 않고 좋은 점이 많습니다. 걷기나 달리기 등 유산소 운동을 하면 뇌 기능도 개선된다고 합니다. 요컨대 적당함이 문제입니다. 자기상自己像과 실상의 격차가 벌어질 만큼 운동에 빠지면 역효과가 나므로 주의할 필요가 있습니다.

게다가 신체 능력은 언젠가 반드시 저하됩니다. 평소에 신체 능력에 큰 무게를 두지 않았던 사람이라면 괜찮지만, 신체 능력에 자부심을 느끼고 거기서 정체성을 찾았던 사람은 신체 능력의 저하를 실감할 때 큰 스트레스를 느낄 것입니다. 심하면 '나는 이제 끝났다'라는 생각에 우울증에 빠지기도 합니다.

그렇게 되지 않으려면 자신의 상태를 객관적으로 볼 수 있어야 합니다. 예를 들어 육상 대회나 마라톤 대회에 도전하려는 사람은 혼자 운동하지 말고 전문 트레이너의 도움을 받는 것이 좋습니다. 자신의 능력과 한계를 객관적으로 판단해줄 사람이 있으면 큰 부상 등을 피할 수 있습니다. 또 자신의 능력을 전문가에게 점검받고 객관적으로 이해하면 서서히 찾아올 신체 노화를 무리 없이 받아들일 수 있습니다.

전문가가 "그것까지는 무리입니다"라고 한다면, 지나치게 신체 능력을 단련하거나 기억력을 강화하려고 애쓰지 말고 달리기의 상쾌함이나 동료와 함께 달리는 즐거움을 즐기는 방향으로 사고를 전환해봅시다. 10대, 20대의 운동과 60대, 70대 때의 운동은 의미가 다릅니다. 중년 이후에게는 그 나름대로의 운동 목표와 방법이 있습니다.

안티에이징,
노화에 대한 저항

주관 연령은 실제 나이보다 10세 젊다.
현대인은 주관 연령에 실제 나이를 맞추려 한다.

여러분은 자신의 나이를 몇 살 정도로 느끼고 있습니까? 50세 정도입니까? 아니면 40세 정도입니까? 물론 자신의 실제 나이를 모르지 않겠지만, 그것과는 별도로 스스로 느끼는 나이인 '주관 연령'은 몇 살일까요?

우리가 조사한 결과, 60~70대의 주관 연령이 실제 연령보다 6~7세 젊은 것으로 나타났습니다. 60세인 사람은 자신을 53~54세로, 65세인 사람은 자신을 58~59세로, 70세인 사람은 자신을 63~64세로 느낀다는 뜻인데, 실제로는 그것보다 더 젊게 느끼고 있을 가능성이 있습니다. 미국의 조사에서는 60~70대 남성들이 자신의 나이를 실제 연령보다 15~20세 젊게, 여성들은 22~28세 젊게 느낀다는 결과가 나왔기 때문입니다. 일본인의 경우 '10세 이상 젊게 느낀다고 쓰기는 민망하니 6~7세 정도로 하자'라는 심리가 작용한 것이 아닐까 싶습니다.

종종 노인용 상품은 잘 팔리지 않는다는 이야기를 듣는데, 주관 연령이 젊어서 그런 것 같습니다. 노인이 자신을 노인으로 생각하지 않으니 노인용 상품을 사지 않는 것입니다. 실제로 요즘은 뒷모습만 보아서는 나이를 추측하기가 어렵습니다. 옷차림도, 행동도 젊어 보이기 때문인데, 옛날에는 그렇지 않았습니다. 제가 어릴 때 보았던 할머니는 훨씬 더 할머니다웠습니다. 어느덧 사람들이 '나이에 맞는 삶'이 아닌 '안티에이징'을 지향하기 시작한 것입니다.

예를 들어 TV에서 자신과 나이가 비슷하거나 많은 연예인이 나오면 여전히 젊어 보인다고 칭찬하는 사람이 많습니다. 실제 연령보다 젊어 보이는 게 좋다고 생각하기 때문입니다.

반대로 자기 또래인데도 늙어 보이면 '왜 저렇게 늙어 보일까?'라고 놀라거나 안타까워합니다. 현대인에게 늙음은 부정적인 변화이자 거부해야 할 현상입니다.

그래서 우리는 노화에 대한 저항, 즉 안티에이징에 매달립니다. 사람은 스스로 젊다고 생각하다가도 어느 순간 늙음을 실감하게 됩니다. 흰머리가 늘고 체력이 떨어진 것을 체감하면서 '나도 나이를 먹는구나'라고 생각하는 것인데, 우리는 그럴 때 나이에 맞게 살려고 하기보다 실제 연령을 주관 연령에 근접시키려고 합니다. 머리카락을 검게 염색하거나 미백이나 주름 개선 화장품을 바르는 것, 영양제를 먹거나 체육관에 다니는 것도 전부 실제 연령을 주관 연령에 근접시키기 위한 행위입니다.

안티에이징의 목표는
늙음에 대한 저항이다.

젊음을 유지하려 노력하는 것도, 그래서 멋을 부리거나 운동을 하는 것도 나쁘지 않습니다. 단, 자아 성찰 없이 그런 일에만 매달리면 부작용이 생길 수 있습니다.

쉬운 예가 옷차림입니다. 간혹 몇십 년 전에 입던 것과 똑같은 옷을 입거나 요즘 젊은이와 똑같은 옷을 입는 사람이 있습니다. 본인이 들으면 쓸데없이 참견하지 말라고 하겠지만 솔직히 어색해 보이는 것이 사실입니다. 우리는 자신의 모습은 외면하고 남의 모습만 보면서 "너무 젊게 입었다"거나 "젊어 보이려고 애쓴다"라고 눈살을 찌푸릴 때가 많습니다. 자신의 복장은 주관 연령으로 판단하면서 타인의 복장은 실제 연령으로 판단하기 때문입니다.

복장에는 '자기 제시'의 기능이 있습니다. 자기 제시란 상대의 시선을 의식하여 자신을 표현하는 행위로, 쉽게 말해 '타인이 나를 이렇게 보아주었으면 좋겠다'는 생각으로 자신을 표현하는 것을 말합니다. 그러므로 젊을 때와 똑같은 옷을 입는 사람은 '나는 젊을 때와 똑같다'고 다른 사람에게 호소하고 싶은 것입니다. 그러나 다른 사람들은 이제 나이가 지긋해진 그를 보며 '그렇게는 안 보이는데'라고 중얼거릴 것입니다.

그나마 복장은 취향 문제이니 웃어넘길 수 있지만 안티에이징에는 더 심각한 '부작용'이 있습니다. 약자를 부정하게 된다는 것입니다. 안티에이징이란 언제까지나 젊음을 유지하려는 행위이자 늙어서 약해지는 것을 부정하는 행위이기 때문입니다.

본래 늙음은 나름대로의 풍성함이 있어 긍정적인 측면이 많은데도 안티에이징에 사로잡히면 그런 것이 눈에 보이지 않습니다. 오히려 늙어서 심신이 약해지고 병이나 장애가 생겨 남의 돌봄을 필요로 하게 된 상태를 그저 부정적이고 불쾌하게 여겨 받아들이지 못하게 됩니다. 안티에이징에 사로잡힌 사람들은 늙음을 경험하지 않은 채 죽고 싶어 합니다. 이것이 죽기 전까지 건강하게, 즉 '핀핀코로리*'를 희망하는 사람들의 속마

---

* '팔팔한 모습'을 뜻하는 일본어 '핀핀'과 푹 쓰러지는 모습을 표현한 말인 '코로리'를 합친 말로서 '건강하게 장수하다가 어느 날 갑자기 죽기 바란다'라는 뜻.

음입니다.

핀핀코로리를 추구하는 사람들은 '주위에 폐를 끼치기 싫어서'라고 그 이유를 설명합니다. 그 생각의 바탕에는 늙음이란 폐를 끼치는 일이며, 폐를 끼치는 삶은 가치가 없다는 '약자 부정'의 사고가 깔려 있는데도 본인은 알아채지 못하는 것입니다.

물론 핀핀코로리를 원하는 사람에게 악의가 없다는 것은 저도 잘 압니다. 간병이나 요양 시설 등의 사회 안전망이 아직 부족하기 때문에 몸을 자유롭게 움직이지 못하게 되면 가족이 힘들어지는 것도 사실입니다. 그러나 약해진 가족과 이웃을 내버려두지 않고 돌보고 보살피는 것은 인류가 오랜 역사를 통해 확립한 인간적 전통입니다. 그것을 부정하는 것은 인간성을 부정하는 것과도 같습니다.

안티에이징, 노화에 대한 저항의 뿌리를 더듬다 보면 결국 늙음을 부정하고 약자를 부정하려는 심리에 도달합니다. 그 사실을 알아둘 필요가 있습니다.

제2부

70대

〜〜〜〜〜

타인의 도움을 받으며
세대 전승을 생각하는 시기

70대는 심신의 상태가 질적으로 달라지는 시기입니다. 60대까지는 양적인 노화가 진행되었으나 70대부터는 질적인 변화가 닥쳐옵니다. 제2차 성징으로 아이가 어른이 되듯이 사람은 이 시기에 급격하고도 불연속적인 변화를 거쳐 노인이 됩니다.

그래서 후기 고령자로 불리는 70대 후반이 되면 예전에는 타인에게 도움을 주던 사람에서 도움을 받는 사람으로 됩니다. 이럴 때 남의 도움을 기꺼이 받아들이느냐 그러지 못하느냐는 이전에 어떤 삶을 살아왔는지에 달려 있습니다.

또 자영업자나 기업 임원이라도 70대에는 현직에서 완전히 은퇴하게 됩니다. 그러므로 사회와의 관계도 달라지고, 사회적 생활권이 좁아져서 가족적 생활권을 중심으로 생활하게 됩니다. 그리고 '자신으로부터 자녀에게로, 자녀로부터 손주에게로' 이어지는 세대 전승을 강하게 의식하게 됩니다.

1장

생애
사건

일에서의 은퇴

사회적 생활권이 좁아진다

노년이라고 해서 사회에서 이탈하거나 계속 활동하거나
둘 중 하나를 선택해야 하는 것은 아니다.

정년 후에 새로운 미래 비전을 찾으려면 급여나 지위, 권한에 관련된 자기확장 욕구를 버리고 사회적 평가를 새로운 잣대로 삼아야 합니다. 그러기 위해서는 자신만의 본분을 찾는 것이 중요합니다. 또 매일을 충만하고 행복하게 보내기 위해서는 집과 지역에서 자신의 있을 곳을 찾아야 합니다.

앞서 제1부 2장 〈생애 사건—계속고용, 재취업〉에서 언급했듯이 자기확장에 대한 욕심을 버리고 자신의 본분이 무엇인지 고민하면서 '터미널 기간'을 보낸 사람은 정년 후의 새로운 삶에 빨리 적응할 수 있습니다.

현역에서 멀어질수록 사회적 생활권이 좁아집니다. 우리는 대체로 두 가지 생활권, 즉 '가족적 생활권'과 '사회적 생활권' 안에서 살고 있습니다. 어릴 때는 가족적 생활권이 세상의 전부이지만 성장할수록 사회적 생활권이 서서히 넓어집니다. 그리고 나이가 많아져 일에서 멀어지면 사회적 생활권이 다시 좁아집니다. 이는 단순히 행동반경이 좁아진다는 뜻이 아니라 경험의 다양성도 줄고 자아도 줄어든다는 뜻입니다.

고령자가 이런 사회적 생활권의 축소, 다시 말해 사회로부터의 이탈을 받아들이는 방식에는 크게 두 가지가 있습니다. 둘 중 어느 쪽을 바람직하게 보느냐에 따라 전문가들의 주장도 두 갈래로 나뉩니다. 하나는 '이탈 이론'으로, 노화로 사회와의 관계가 줄어드는 것은 어쩔 수 없는 일이니 변화를 받아들이고 상황에 적응해야 한다는 것입니다. 또 하나는 '활동 이론'으로, 나이와 관계없이 이전과 똑같은 사회적 활동을 유지하는 게 좋다는 것입니다.

여러분은 어떻게 생각합니까? 나이가 많으면 사회적 활동을 그만두고 조용히 사는 것이 좋을까요? 아니면 사회적 활동을 지속하는 것이 좋을까요?

요즘은 나이가 들어도 사회적인 활동을 지속하는 게 좋다고 생각하는 사람이 많은데, 실제로도 활동을 지속하는 사람의 행복감이 높은 것 같습니다. 그러나 제 경험에 비추어 말하자면, "이제는 누군가를 책임질 수도, 도울 수도 없다"라고 스스로 말할 날이 반드시 옵니다. 그 시기는 개인마다 다르지만, '이제 나도 남을 돌보는 사람에서 돌봄을 받는 사람으로 변했다'라고 자연스럽게 자각할 때가 올 것입니다. 그것이야말로 사람이 질적으로 늙기 시작하는 계기인지도 모르겠습니다.

사회로부터의 이탈을 선택할지 지속적 활동을 선택할지는 그간의 삶의 방식에 따라서도 달라지고 심신의 상태에 따라서도 달라집니다. 참고로, 여기서 말하는 사회적 이탈이란 아무 일도 하지 않고 집 안에 틀어박혀서 자아가 쪼그라들도록 내버려둔다는 의미가 절대 아닙니다. 사회와의 접점이 큰 활동, 예컨대 지역 봉사에 열심히 참여하거나 동호회의 회장이 되어 동료를 이끄는 일까지는 아니더라도 좀 더 좁은 범위에서 가족과 친구를 위해 봉사를 하거나 혼자서 취미 활동을 즐길 수 있다는 뜻입니다.

일반적으로, 70대 전반 정도까지 왕성한 활동을 유지하다가 후반부터 물리적 세계를 좁히고 정신세계를 넓히면 늙음에 대체로 잘 적응할 수 있을 것입니다. 장수 사회로 접어들면서 우리 현대인은 노년기가 매우 길어졌습니다. 그러므로 노년을 맞더라도 활동을 지속하거나 사회에서 이탈하거나 둘 중 하나를 선택하기보다, 활동적인 시기를 거쳐 최종적으로 사회적 이탈에 이르도록 하는 것이 자연스러울 것입니다.

장사든 농사든 그만두어야 할 때.
가족에게 물려주기 어렵다면 어떻게 해야 할까?

전에 대학원의 한 제자가 저에게 고민을 털어놓은 적이 있습니다. 약혼자가 부모님의 농사를 물려받기로 해서 본가로 들어간다고 하는데 약혼자와 함께 귀촌을 해야 할지 어째야 할지 망설이고 있다고요. 약혼자도 대학원생이었는데, 대대로 크게 농사를 짓는 집안인 데다 아버지가 갑자기 돌아가시는 바람에 급히 농지를 물려받게 된 것입니다. 그 외에도 제 주변에는 농사일을 물려줄 자식이 없어서 논밭을 방치하는 사람, 나이가 많아지자 경영하던 회사를 폐업한 사람, 물려받을 후계자가 없어서 자신의 약국을 대형 체인에 매도할까 고민하는 사람 등등 후계 문제로 고민하는 사람이 많습니다.

70대가 되면 자영업자나 농부도 일을 그만두게 되는데, 그럴 때 후계자가 없으면 고민이 커집니다. 큰 회사라면 자식이 아니더라도 전문 경영인이나 임원, 혹은 직원에게 회사를 맡길 수 있지만 가게 등 가족이 경영하던 곳은 가게를 이어나갈 후임이 없을 경우 어쩔 수 없이 문을 닫는 경우가 허다합니다. 한편 누구나 크든 작든 자신의 가게나 논밭에 애착이 있기 마련입니다. 그래서 다른 일을 하는 자식을 굳이 불러들여 뒤를 잇게 만드는 경우도 종종 있습니다.

가끔 TV 프로그램에서, 타지에서 다른 일을 하던 자식이 고향으로 돌아와 사라질 위기에 처한 전통 기술을 연마하며 가업을 이어나가는 모습을 보여줄 때가 있습니다. 진행자는 후계자가 생겨 정말 잘 됐다고 이구동성으로 말하지만 정말로 그럴까요? 어쩔 수 없이 고향으로 돌아온 자식은 행복할까요? 전통 기술을 보존하는 것도 중요하지만 혈연이라는 이유로 자기 자식에게만 기술을 물려주는 것이 과연 옳은 일일까요?

전통적 가부장제가 사라지고 자식을 전보다 적게 낳는 데다 누구나 직업을 선택할 자유가 있는 지금의 시대에 가족 경영은 많은 한계를 갖고 있습니다. 모두가 그것을 알고 있습니다. 그래도 자식에게 물려주고 싶은 것은 '몰입'이 매우 강하게 작용하기 때문일 것입니다.

몰입, 즉 집착은 쏟아부은 시간과 노력과 자본에 비례하여 강해집니다. 예를 들어 사귀는 사람이 바람을 피운다고 합시다. 화는 나겠지만 사귄 지 얼마 되지 않았다면 그나마 빨리 정리할 수 있습니다. 그러나 수년을 사귄 데다 돈과 보석, 옷, 자동차 등 많은 것을 선물로 상대에게 주었다면 상대가 아무리 형편없는 인간이어도 단박에 헤어지기가 쉽지 않습니다.

또는 사업을 시작하고 나서 얼마 되지 않아 실패의 위험성을 알아챘다면 비교적 쉽게 사업을 접을 수 있습니다. 그러나 이미 상당한 자금과 시간과 노력을 쏟아부었다면 어떻게든 만

회할 방법을 찾다가 도리어 더 큰 손해를 입기 쉽습니다.

오랫동안 심혈을 바친 사업을 남에게 넘겨주기는 쉽지 않을 것입니다. 게다가 그 사업이 혼자만의 것이 아니라 집안 대대로 내려온 가업이라면 더욱 그렇겠지요.

그러나 자식이라고 해서 부모처럼 그 일을 좋아할 것이라는 보장은 없습니다. 게다가 자식이 다른 일을 구한 것은 그 일이 자신에게 맞지 않는다고 판단했기 때문일 것입니다. 재능도 없는 자식에게 사업을 물려주어 망하게 만들기보다는 재능 있는 다른 사람에게 사업을 양도하는 것이 훨씬 합리적이지 않을까요? 나중에 가게와 논밭이 번창하는 모습을 보면 설사 타인의 소유가 되었더라도 자부심을 지킬 수 있을 것입니다.

장사나 농사를 자식에게만 물려주려는 이유는 달리 물려받겠다고 나설 사람이 없기 때문이라고 흔히들 생각합니다. 그러나 요즘은 소규모 장사나 농사를 희망하는 젊은이도 많습니다. 후계자가 없어서 고민인 사람은 주변 사람들에게 "내가 하는 일에는 이런 매력이 있는데 후계자가 없으니 주변에 좋은 사람이 있으면 추천해달라"고 자기개시를 하는 게 어떨까요? 처음부터 자식에게만 물려주겠다고 생각하면 발전이 없습니다. 울타리를 낮추고 자기개시를 하다 보면 뜻밖의 인재를 만날 수 있을 것입니다.

정체성을 재구축한다

**사회적 정체성을 떠나보내고 청소년기에 품었던
자기 본연의 정체성을 되살린다.**

정년퇴직과 함께 사회적 정체성 또한 상실하게 됩니다. 계속고용이나 재취업 등을 통해 사회적 정체성을 다시 찾을 수도 있지만, 그런 사람도 손에서 일을 완전히 놓게 되면 자기 존재감과 정체성이 흔들리는 경험을 합니다. 일 밖에서 정체성을 찾은 사람이라면 크게 문제는 없겠지만, 그렇지 않은 대부분 사람들은 존재 자체가 위협받는 느낌이 들 것입니다. 그럴 때는 어떻게 하면 좋을까요? 사회적 정체성을 다시금 구축하려 하기보다 예전의 자신으로 돌아가 본연의 정체성을 찾아야 합니다.

누구나 청춘 시절에는 '나는 무엇을 위해 이 세상에 태어났을까?' '내가 할 수 있는 일, 해야 할 일은 무엇일까?'라고 고민했을 것입니다. 그리고 책을 읽거나 친구와 대화를 나누거나 여행을 하면서 자신의 내면을 들여다보고 답을 찾았을 것입니다.

하지만 성인이 되어 사회인으로서의 정체성, 남편이나 아내로서의 정체성, 아버지나 어머니로서의 정체성 등 다양한 역할 정체성을 얻게 되면서 언젠가부터 '나는 누구인가?' 하는 질문을 잊고 살았을 것입니다. 그래도 마음속에 잠들어 있는 청춘 시절의 질문이 이따금 깨어나 내면에 파문을 일으켰을지도 모르겠습니다.

저명한 광고인이자 저술가였던 아마노 유키치天野祐吉 씨가 생전에 이런 말을 남겼습니다. "인간은 정기와 광기를 갖고 있는데, 모두가 광기를 숨기고 정기의 세상을 살고 있다. 그러나 정기의 세상에서 착실히 살기만 하면 자아가 점점 쪼그라든다. 특히 나이를 먹으면 몸과 기력이 쇠약해져 아무것도 못하는 사람이 된다. 그러나 광기를 공유하거나 서로 인정하는 동료가 있으면 그렇게 되지 않는다. 나도 나이를 먹어 몸도 기력도 쇠약해졌지만 광기를 공유할 친구가 있어서 다행이다."

저도 정말 그렇다고 생각합니다. '광기의 세상'이란 다소 과격한 표현이지만, 풀어 설명하자면 사회적인 책임과 성실성을 요구하는 세상이 아니라 신나게 놀 수 있는 세상, 바보짓도 하고 서로 농담도 주고받는 세상을 말합니다. 혹은 꿈을 꾸거나 취미에 푹 빠지거나 하며 돈이 전혀 되지 않는 일을 좇아다닐 수 있는 세상을 말합니다. 우리는 이 광기의 세상에서만 청춘 시절에 찾았던 정체성, '나는 이런 인간이다'라는 극히 개인적이고 주관적인 정체성을 찾을 수 있다고 생각합니다.

일에서 완전히 은퇴하는 사건은 청춘 시절의 질문을 다시 한 번 스스로에게 던질 절호의 기회입니다. 청춘 시절로 돌아가서 자신이 왜 살아 있는지 생각해봅시다. 인생의 가치는 어디에 있는지 생각해봅시다. 풋내 나는 고민을 다시 한 번 해보는 것입니다. 그리고 이전과는 다른 세상에서 놀아봅시다. 무척 즐겁고 원더풀한 체험을 하게 될 것입니다.

참고로 저는 은퇴하면 주위 사람들이 깜짝 놀랄 만한 일을 하고 싶습니다. "당신이 그런 일을 할 줄은 생각도 못했다"라는 말을 들을 정도로 파격적으로 변신하고 싶습니다. 그러기 위해 제가 어떤 장면에서 광기를 발휘하는지, 앞으로 몇 년에 걸쳐 탐구할 생각입니다.

심신의
질적 변화

자신이 이제 노인임을
자각한다

또래에 비해 젊고 건강한 편이다?
불편해졌다고는 생각하지만 아직 늙음을 직시하지는 못한다.

여러분은 몇 살부터 '노인'이라고 생각합니까? 일본에서는 65세 이상을 고령자, 즉 노인으로 보고 고령자 인구 통계 등을 내거나 복지 정책을 만듭니다. UN 경제사회이사회 산하 인구개발위원회의 정의를 따른 것이지만, 실제로 40대 이상의 중년들도 65세 이상을 노인이라고 거의 생각하지 않는 듯합니다. 앞서 말했듯 자신에 대한 주관 연령이 젊어진 데다가 또래 중에도 노인으로 보이지 않는 사람이 많아졌기 때문입니다. 그러면 요즘 사람들은 대체로 몇 살부터 노인답게 보일까요?

개인차는 있겠지만, 70대가 되면 대부분의 사람은 얼굴과 몸이 노인다워집니다. 눈꺼풀 근육이 약해져 눈꺼풀이 처지므로 눈이 작아지고 뺨 근육도 약해져 뺨이 처지고 입매가 달라집니다. 탄력이 사라지고 주름이 늘어난 피부도 외모 변화에

박차를 가합니다. 연예인처럼 주름 제거 수술 등을 하면 얼굴에 노인 티가 나는 시기를 다소 늦출 수 있겠지만 그것도 한계가 있습니다. 70대 후반이 되면 안티에이징의 효과도 거의 없어집니다.

몸에도 변화가 일어납니다. 노화로 근육량이 줄어 근력과 운동 기능이 저하되는 '근감소증'이 나타나거나 '운동 기능 저하 증후군'이 나타나기도 합니다.

운동 기능 저하 증후군이란 운동 기관에 장애가 생겨 요양이 필요해질 가능성이 높은 상태를 말합니다. 여기서 운동 기관이란 근육과 인대, 뼈와 관절, 척추와 말초신경 등 몸을 지탱하고 움직이는 모든 기관을 가리킵니다. 그 기관들이 근력 및 균형감각 저하, 혹은 골다공증이나 퇴행성 관절염 등의 질병 때문에 제대로 기능하지 못하게 되면 결국 통증이 시작되거나 팔이 올라가지 않게 되거나 걷지 못하게 됩니다.

또 중년 이후에는 대사증후군(내장지방형 비만, 고혈당, 고혈압, 지질이상증 중 두 가지 이상이 함께 발병한 상태)을 조심하라고 조언하지만, 이 시기에는 오히려 살이 빠지는 것이 문제가 됩니다. 70대에게 "65세 때보다 체중이 늘었습니까? 줄었습니까?"라고 물어보면 대부분이 '줄었다'고 대답합니다. 전에는 '내버려두면 살이 찌던 몸'이, 70세를 전후하여 '내버려두면 살이 빠지는 몸'으로 바뀌는 것입니다.

또 근육이 감소하는 근감소증을 시작으로 '노쇠Frailty'로 불리는 복합적인 증상이 나타납니다. 노쇠란 '노화로 다양한 신체 기능이 저하하여 질병에 걸리거나 몸져눕게 될 가능성이 높은 상태'인데 아래 5항목 중 3항목 이상이 해당되면 노쇠가 의심되는 상태입니다.

① 1년 동안 체중이 4~5kg 이상 감소했다.
② 쉽게 피로해진다.
③ 근력과 악력이 약해졌다.
④ 보행 속도가 느려졌다.
⑤ 몸의 활동성이 떨어졌다.

이와 관련하여 일본노년학회에서는 노쇠는 건강한 상태와 요양 상태의 중간으로, 자신의 노쇠를 빨리 알아채고 충분한 영양을 섭취하며 적당한 운동을 하면 건강한 상태로 돌아갈 수 있다고 말했습니다.

70대가 되면 오감의 쇠퇴도 현저해집니다. 이가 약해져 딱딱한 음식을 씹지 못하게 되고, 침 분비량이 줄어들어서 음식을 부드럽게 삼키지 못합니다. 귀가 어두워져서 남의 이야기를 잘 알아듣지 못하고 높은 소리는 거의 듣지 못합니다. 뜨거움과 차가움을 확실히 느끼지 못하게 되고 더위와 추위도 그다지 느끼지 못하게 됩니다. 냄새도 잘 맡지 못하게 되고 노안용 안경을 써도 큰 글씨만 읽을 수 있게 됩니다. 이전에도 감각 기관이 서서히 쇠퇴해왔지만 이제는 보청기나 틀니 같은 보조 도구가 필요해질 만큼 상태가 안 좋아지는 것입니다.

이쯤 되면 여기저기가 불편해져서 스스로도 귀가 어두워졌다며 신체의 쇠퇴를 인정하게 됩니다. 그렇다고 늙음 그 자체, 혹은 늙어가는 자신을 직시할 수 있는 것은 아닙니다. 평균 수명이 길어진 탓에 주위에 고령자가 너무 많아서 늙음을 상대화하게 되기 때문입니다. 즉 "저 사람보다는 내가 젊어"라거나 "이 나이에 벌써 몸져누운 사람도 있지만 난 괜찮아"라거나 "나는 또래에 비해서는 건강한 편이야"라며 타인과 자신을 비교하며 안심하는 것입니다. 늙음을 거부하지는 않으나 여전히 도망칠 길을 찾는 상태라 할 수 있습니다. 사람은 이 시기까지는 자신의 늙음을 상대화할 뿐 절대시하지 못합니다.

그래서 지역 단체가 인지 기능 및 운동 기능 저하를 예방하기 위한 행사에 해당 사람들을 불러 모으려 해도 "난 아직 괜찮다"며 거절하는 사람이 많습니다. 그대로 내버려두면 노쇠의 악순환이 시작되어 치매, 우울증, 골다공증, 요실금, 영양실조, 골절 등 '노년증후군'으로 불리는 증상과 질병이 차례차례 일어나고 결국 몸져눕게 될 위험성이 큽니다. 그래서 일찍부터 대비하는 것이 좋은데도 사람들이 피하고 있는 것입니다.

이런 상황을 개선하려면, 기능이 이미 저하된 사람들을 모으는 것이 아니라 기능이 아직 저하되지 않은 사람들이 참여하여 즐길 수 있는 행사를 기획할 필요가 있습니다. 실제로 그렇게 해서 고령자들의 참여를 유도하는 데 성공한 지역 단체도 있습니다. 그러나 자신이 그런 지역에 살고 있지 않다면 어떻게 해야 할까요?

우선 스스로 유인을 만들어야 합니다. 그 행사에 가면 얻게 될 이득을 따져 보거나 배우자나 친구에게 행사를 소개하여 함께 참석함으로써 그 시간을 더 즐겁게 만드는 것입니다. 다른 사람과 함께 가기로 약속하면 몰입이 작용하여 "난 안 갈래"라고 말하기가 어려워지는 효과도 있습니다. 마음은 썩 내키지 않지만 참여할 필요가 있는 행사라면 주최 측에 일단 참여하겠다고 말해두는 것도 좋은 방법입니다.

주변 사람들이 운전을 하지 말라고 한다.
나는 괜찮은 것 같은데 이유를 알 수 없다.

여러분은 운전을 합니까? 그렇다면 70세 이후로 면허를 갱신할 때마다 고령자 운전 교육을 받고, 75세 이상이 되면 인지 능력 검사를 받아야 하는 것에 대해 어떻게 생각합니까?

아마 대부분 나와는 상관없는 일이라고 생각할 듯합니다. '받으라니까 받는 것일 뿐, 나는 인지 능력에 문제가 없으니 괜찮아'라고 생각할지도 모르겠습니다.

혹시 "위험하니까 이제 운전은 그만하세요" 또는 "면허를 반납하는 게 좋지 않을까요?"라고 말하는 가족에게 "무슨 소리야!"라며 화를 낸 적은 없습니까? 사실 주위에서 보기에는 운전하기 위태로운 상태인데도 막상 지적을 당하면 대부분의 노인이 화를 냅니다.

왜 그럴까요? 노인은 젊은이보다 '자기 유능감'이 높아서 운전에 자신이 있다고 생각하기 때문입니다. 자기 유능감이란 말 그대로 자신에게 능력이 있다고 느끼는 감정인데, 이는 여생을 더 즐겁게 보내도록 타고난 인간의 본능인 듯합니다. 자기 유능감이 높지 않으면 매일 심신의 쇠퇴를 실감하면서 '자신'이라는 존재를 긍정하기가 어렵습니다. 요컨대 걸핏하면 자기 부정으로 치닫는 마음을 억누르기 위한 '자기 방어 기제'인 것입니다. 그래서 사람은 나이를 먹을수록 이 자기 유능감과 자기 긍정감, 자존감이 강해지는 특성이 있습니다.

또 운전은 '자기 효능감'을 느끼기에 매우 적합한 행위입니다. 나이가 많아지면 아무 일이나 뜻대로 하지 못하게 됩니다. 다리와 허리가 약해져서 멀리 외출할 수 없게 되고, 지하철을

타도 발권기 사용법을 몰라서 당황하게 되며, 은행에서는 현금 인출기 사용법을 몰라 갈팡질팡하다가 뒷사람에게 눈총을 받기도 합니다. 집에서도 문턱에 걸려 넘어지기도 하고, 계단을 오르내리기가 힘들어지기도 하며, 새로운 전자제품 사용법을 몰라서 헤매는 등 좌절감을 느끼게 하는 일이 많아집니다.

그러나 운전의 경우, 경력이 오래된 사람이라면 큰 고민 없이 할 수 있습니다. 생각대로 차를 움직여 자신이 가고 싶은 곳으로 가는 것만큼 자기 효능감이 큰 일도 없을 것입니다. 그리고 운전에서 느끼는 자기 효능감은 평소에 뜻대로 되지 않는 일이 많을수록 그 가치가 커질 것입니다.

노인에게 운전이 서툴러졌다거나 운전하지 말라고 말하는 것은 "당신은 이제 스스로 아무것도 할 수 없다"라며 그의 능력을 완전히 부정하는 것과 같습니다. 그래서 맹렬한 반발이 돌아오는 것입니다.

그러나 노인에게 운전하면 위험하다고 말하는 것은 괜한 걱정이 아닙니다. 나이를 먹으면 운전이 실제로 서툴러집니다. 운전할 때는 제동 페달이나 가속 페달 등 여러 기기를 조작하는 동시에 보행자, 자전거, 맞은편에서 오는 차와 뒤따라오는 차, 신호와 도로표지판 등의 주위 상황에도 끊임없이 주의를 기울여야 합니다. 요컨대 운전은 고도의 분배적 주의를 필요로 하는 일인데, 뇌 기능이 쇠퇴하면 분배적 주의력이 저하됩니다. 그래서 금방 바뀐 신호에 정신이 팔려 옆에서 튀어나온 자전거를 보지 못하거나 보행자에게 눈길을 빼앗겨 우회전하는 차를 못 보게 되는 사태가 벌어지기 쉽습니다.

자기 유능감과 자기 긍정감이 높은 노인들은 스스로 자신의 위험성을 직시하기가 쉽지 않습니다. 그러나 사고는 한 번 일어나면 결코 돌이킬 수 없습니다. 특히 사망 사고를 내거나 상대에게 장애를 남기기라도 하면 타인을 불행하게 만들 뿐만 아니라 자신의 후반생까지 불행해지고 말 것입니다.

게다가 차를 운전하면 세금, 보험료, 주차비, 연료비 등 유지비가 많이 듭니다. 그 돈으로 택시를 타면 안전하고 쾌적하게 이동할 수 있을 것입니다. 운전할 때는 못 마시던 술도 마실 수 있고 잠을 잘 수도 있으니 직접 운전하는 것보다 훨씬 편안하기까지 합니다. 생각을 그렇게 전환하여 운전을 조만간 그만두는 게 어떨까요?

지적 호기심을 자극하면
행동 범위가 넓어지고 인지 기능이 오래 유지된다.

70세가 넘으면 뇌의 노화를 확실히 느끼게 됩니다. 주변 사람들에게 "또 잊어버린 거야?"라는 말을 점점 더 자주 듣게 될 것이고 스스로도 건망증이 심해졌음을 깨달을 것입니다. 그래서 치매를 막겠다고 계산 문제를 풀거나 글을 소리 내어 읽는 사람도 있습니다. 이런 방식의 뇌 훈련이 효과적이라고 선전하는 곳이 많지만, 저는 단순히 계산 문제를 풀고 글을 소리 내어 읽는 것만으로는 치매 예방에 도움이 되지 않는다고 생각합니다.

뇌 훈련의 효과는 보통 대학병원의 연구실 같은 곳에서 노인을 대상으로 계산 문제를 풀게 하거나 글을 읽게 해 훈련 전후의 뇌 기능을 측정한 결과로 확인합니다. 그 결과 산술적 계산이나 낭독 행위가 뇌 기능 향상에 도움이 된다고 발표하는 것입니다.

그러나 주 1회 2시간 동안 훈련을 한다고 해서 단번에 뇌 기능이 개선될까요? 저는 주 1회 2시간 동안의 훈련으로 나머지 6일 22시간의 생활이 달라지기 때문에 효과가 나타나는 것이라고 생각합니다.

훈련 과정에서 다양한 이야기를 접하고 집에 돌아가서도 음식이나 운동 등 다양한 것에 신경을 쓸 것입니다. 훈련하는 동료와 대화도 나눌 것이고 매주 약속 시간에 맞춰 전철이나 버스를 타고 훈련 장소까지 이동하기도 할 것입니다. 또 책을 소리 내어 읽다 보면 평소에 책을 전혀 읽지 않던 사람이라도 책에 관심이 생겨 서점이나 도서관에 다니기 시작할지 모릅니다.

요컨대 지적 호기심이 강해져 행동의 범위가 넓어지고 생활 습관이 달라진다고 할 수 있습니다.

그러나 과학적 연구 방법으로는 이런 일상생활의 변화를 측정할 수 없습니다. 사람마다 생활 습관이나 환경이 모두 달라서 그 영향을 다 감안할 수가 없는 것입니다. 훈련 효과를 연구하는 사람들은 "생활은 모두 제각각이므로 그 영향은 무시해도 된다. 훈련했느냐 훈련하지 않았느냐만 비교하면 된다"라고 주장합니다. 실제로 훈련하면 효과가 나는 것은 사실입니다. 그러나 그 효과가 전적으로 주 1회 2시간의 훈련 덕분이라고 하기는 어렵습니다.

따라서 집에 틀어박혀 계산 문제를 풀기만 하고 나머지 시간에 똑같이 생활한다면 그저 계산이 조금 빨라질 뿐, 다른 효과를 기대할 수 없을 것입니다. 그보다 밖으로 나가 산책을 하거나 영화, 연극, 전시회를 보거나 사람을 만나거나 동료와 취미 생활을 해야 지적 호기심을 자극할 수 있습니다.

혹시 '인지 예비력Cognitive Reserve'이라는 말을 들어보셨습니까? 말 그대로 인지 기능의 예비 능력을 말하는 것으로 이 능력이 높은 사람은 뇌졸중으로 쓰러져도 인지 기능의 손상이 비교적 적다고 합니다. 이 인지 예비력은 평소에 머리를 자주 쓰는 사람일수록 높다고 하는데, 여기서 '머리를 쓴다'는 말은 학문을 연구한다는 뜻이 아니라 지적 호기심을 갖고 이것저것 생각한다는 의미입니다.

인지 예비력은 수녀를 대상으로 치매와 노화 연구를 진행한 〈가톨릭 수녀 연구The Nun Study〉로 유명해졌습니다. 100세 가까이 살면서 죽기 전까지 수녀이자 교사로 활동했던 메리Marry 수녀의 뇌를 사후에 해부해봤더니 치매 환자와 비슷할 만큼 뇌가 위축되어 있었다고 합니다. 즉 병리적으로는 치매가 꽤 진행된 상태였음에도 수녀원의 수녀로, 학생들을 가르치는 교사로 문제없이 활동할 만큼의 인지 기능이 유지된 것입니다.

이 연구를 통해, 일상적으로 머리를 쓰는 사람은 인지 예비력이 높아지므로 노화로 뇌가 위축되더라도 인지 기능이 크게 저하되지 않는다는 사실이 밝혀졌습니다. 그리고 뇌졸중을 일으켰을 때도 물리적 손상 정도가 같다면 인지 예비력이 높은 사람의 인지 기능이 덜 저하된다는 사실도 밝혀졌습니다. 그러면 인지 예비력이 높은 사람은 치매에 걸려도 인지 기능이 크게 저하되지 않는 걸까요? 그렇게 주장하는 연구자가 있기는 하지만 아직은 과학적으로 증명되지는 않았습니다.

어쨌든 집에 틀어박혀 계산 문제나 책을 소리내 읽기보다는 밖으로 나가 지적 호기심을 자극하는 것이 좋습니다. 그렇게 해서 생활 습관을 바꾸고 인지 예비력을 높이는 것이야말로 치매 예방의 효과적인 방법이라고 생각합니다.

늙음에 적응한다

건강 장수는 이룰 수 없는 환상이다.
몸이 이전과 달라졌을 때 어떻게 대처하는지가 중요하다.

'건강 장수', '건강 수명'이라는 말을 자주 듣습니다. 국가뿐
만 아니라 많은 지역이 "건강 장수를 지향합시다" 또는 "건강
수명을 늘립시다"라고 외치고 있는데, 여기서 말하는 '건강'이
란 과연 어떤 의미일까요?

건강 수명의 정의는 다양하여 나라마다 기관마다, 또 학자
마다 다릅니다. 가령 세계보건기구WHO에 따르면, 건강 수
명이란 평균 수명에 '수명의 질'이라 할 수 있는 건강 상태를
반영한 것으로, 평균 수명에서 병이나 부상 등의 장애 기간을
뺀 기간이다. 한편 일본의 후생노동성은 건강 수명을 "일상생
활에 제한이 없는 기간"으로 정의하고 있습니다. 그리고 후생
노동성이 밝힌 일본인의 건강 수명은 남성이 71.19세, 여성이
74.21세입니다. 또 건강 수명과 평균 수명의 차이는 남성이 약

9년, 여성이 약 12년입니다(2013년 후생노동성).

그러나 '건강'이라고 말할 때 우리가 상상하는 것은 단순히 병이나 장애로 일상생활에 제한이 없는 상태가 아니라 '웰빙 라이프', 즉 '육체적·정신적으로 건강하고 행복한 상태'가 아닐까요? 후생노동성도 '객관적으로 일상생활에 제한이 없는 기간'을 주 지표로 삼고 '주관적으로 자신이 건강하다고 자각하는 기간'을 부 지표로 삼아 건강 수명을 생각해야 한다고 말합니다.

그런데 이 웰빙이라는 말에는 '행복'에 대한 생각이 빠져 있는 것 같습니다. 의학적으로는 웰빙으로 충분할지 모르지만 우리 노년심리학자들은 '행복'을 중시합니다.

일상생활에 제한이 없더라도 고령자의 심신은 해마다 쇠퇴합니다. 그래서 작년에 할 수 있었던 일을 올해는 못한다거나 5년 전에는 저만큼 할 수 있었는데 지금은 이만큼밖에 못하는 상황이 벌어질 수밖에 없습니다. 의학적으로는 나이를 생각하면 그것도 '건강'한 상태일 것입니다. 그러나 본인으로서는 일상생활에 제한이 없다고 해도 이전과의 차이를 확연히 느끼므로 건강하고 행복하다고는 받아들이기 어렵습니다.

따라서 육체적인 기능만 생각하면 건강 장수를 실현할 수 있다고 주장할 수 있을지 모르나 마음이 있는 인간으로서의 건강 장수란 환상에 불과합니다.

한편 후생노동성이 정의하는 '건강하지 않은 상태', 즉 일상생활에 제한이 있는 상태로는 행복할 수 없느냐 하면 그것도 사실과 다릅니다. 일상생활에 제한이 있어도 건강하고 행복하다고 느낄 수 있으며, 실제로도 그렇게 지내는 사람이 많습니다. 예를 들어 다리가 아파서 걸어다니지는 못해도 주위에서 정성껏 돌봐주어 음식을 맛있게 먹고 즐겁게 생활한다면 건강하고 행복하다고 말할 수 있습니다.

노년심리학에서는 영원한 신체적 건강을 지향하지 않습니다. 오히려 신체 기능이 쇠퇴해도 행복하게 살려면 어떻게 해야 하는지, 건강을 잃었을 때 그것을 어떻게 받아들이고 어떻게 보완할지가 중요합니다.

예를 들어 한 번 크게 넘어진 뒤 외출하기가 두려워진 사람이 있다고 합시다. 밖에 나가기 두렵다고 집에만 있다 보면 아예 걷지 못하게 될 것입니다. 그러면 행복감이 더 낮아질 테니 스스로 외출을 두려워하지 않도록 만들 필요가 있습니다. 구체적인 방법으로는, 일단 발에 딱 맞고 안전한 기능성 신발, 세련된 디자인의 지팡이와 모자를 구입하여 친구들이나 가족과 함께 외출해보면 어떨까요? 이처럼 촉진 요인을 늘려 부정적인 생각을 긍정적으로 전환하는 것이 중요합니다.

오감이 쇠퇴했는데도 노안 안경이나 보청기를 거부하는 사람이 있는데, 불편을 참다 보면 행동 범위가 좁아지고 마음도 무거워져서 행복감이 떨어집니다. 요즘은 노안 안경도 종류가 많아졌고 보청기도 눈에 띄지 않을 만큼 작은 것부터 세련된 디자인을 도입해 액세서리처럼 만든 것까지 다양한 종류가 있으니 즐겁게 고를 수 있습니다. 이처럼 신체의 쇠퇴를 부정적으로 받아들이기보다 사고를 전환하여 긍정적으로 받아들이는 것이 중요합니다만, 오로지 건강에만 집착하다 보면 그렇게 마음먹기가 어렵습니다.

자신의 욕구와 주변 여건이 들어맞지 않을 때,
외부 환경을 바꿀 것인가 자신의 마음을 바꿀 것인가.

주변 상황과 자신의 욕구가 어긋날 때 우리는 그 둘을 일치시키기 위해 대체로 두 가지 전략을 취합니다. 첫 번째 전략은 자신의 욕구나 희망에 맞추어 주변 상황을 바꾸는 '1차적 통제', 두 번째 전략은 주변 상황에 맞추어 자신의 내면을 바꾸는 '2차적 통제'가 바로 그것입니다.

다리가 아파서 걷지 못하게 되었을 때를 예로 들면, 재활을 해서 다시 걸으려고 노력하는 것이 1차적 통제입니다. 반면 요즘은 전동 휠체어가 많이 나오니 그걸 타는 게 걷는 것보다 편하고 좋다는 방향으로 사고를 전환하는 것이 2차적 통제입니다. 재해로 집을 잃어버렸을 때 집을 다시 지으려 하는 것이 1차적 통제라면, 가설 주택이 오히려 홀가분하고 좋다고 생각을 바꾸는 것이 2차적 통제입니다.

사람은 60대까지는 1차적 통제로 주위 환경을 바꾸려 하는 경향이 강하지만, 70대 이후에는 2차적 통제를 더 많이 택하게 됩니다. 주변 상황을 바꿀 만한 힘이 없어졌음을 스스로 알기 때문에 무의식적으로 2차적 통제를 택하는 것입니다.

노년에는 이 2차적 통제로 상황에 적응하는 것이 매우 중요합니다. 주변 상황이 자신의 욕구나 희망과 어긋나는 것은 삶을 어둡게 만들 수 있는 부정적인 상태이기 때문입니다. 2차적 통제는 얼핏 억울한 패배로 보일지도 모르지만, 뜻대로 되지 않는 부정적인 상황이 주는 스트레스를 해소하고 사고를 긍정적으로 유지하는 데 매우 효과적인 전략입니다.

단, 2차적 통제가 부정적으로 작용할 위험도 있습니다. 걷지 못하게 되었을 때 '다시 걷고 싶지만 힘들겠지. 어쩔 수 없어'라고 체념하거나 재해로 집을 잃었을 때 '도저히 집을 다시 지을 여력이 없다. 어쩔 수 없어'라고 포기하는 것인데, 이렇게 되면 마음이 우울해져서 역효과가 납니다. 그러므로 앞에서 예로 든 멋진 신발과 지팡이, 세련된 보청기 같은 '유인'을 잘 활용할 필요가 있습니다.

나이를 먹어 심신이 서서히 쇠퇴할 때 건강 장수를 지향하는 것은 어디까지나 1차적 통제에 해당합니다. 그러나 나이를 먹으면 1차적 통제를 할 만한 힘이 없어지므로 이것은 근본적으로 잘못된 선택입니다. 무리한 일에 매달리면서 '역시 안 되는구나'라고 침울해하기보다는 사고를 유연하게 전환하여 즐겁게 생활하는 것이 더 행복하지 않을까요?

3장

생애
사건

지역 활동에서의
은퇴

지역 활동과
봉사 활동에서 은퇴한다

**주위에 도움을 주며 살아온 사람은
상황이 바뀌어도 크게 행복감이 떨어지지 않는다.**

제1부에서 인생 100년을 25년씩 구분했을 때 50~75세까지
의 25년은 자신의 본분을 찾고 정말로 하고 싶은 일을 하는 기
간이라고 말했습니다. 그러면 75세 이후 25년은 어떤 기간일
까요? 바로 타인을 돕는 입장에서 타인으로부터 도움을 받는
입장으로 전환되는 기간, 타인의 도움을 받으며 본분을 추구하
는 기간입니다.

물론 도움을 받는 것보다 도움을 주는 것이 더 행복한 법입
니다. 그래서 도움을 받기 시작하면 행복감이 저하될 위험성이
있습니다. 그러나 이전의 25년 동안 주변에 많은 도움을 주었
던 사람, 타인을 후원하거나 사회에 공헌한 경험이 있는 사람
은 도움을 받는 입장이 되어도 행복감이 크게 저하되지 않습니
다. 타자 공헌 내지 사회 공헌을 해왔으므로 '사람이란 서로 돕

는 존재'라는 믿음이 내면에 뿌리내려 있는 데다 "나는 사회에 공헌을 해왔다"라는 자부심도 있기 때문입니다. 그래서 다른 사람에게 신세를 지기 싫다거나 폐를 끼치는 건 한심한 일이라는 수치심을 덜 느낍니다. 주위 사람들도 그가 오랫동안 사회나 주변 사람들에게 여러 공헌을 해온 걸 알고 있으므로 기꺼이 도움을 줄 것입니다. 이런 요소를 모두 갖추고 있으면 남의 도움을 오히려 긍정적으로 받아들일 수 있습니다.

따라서 75세 이후를 행복하게 살기 위해서는 그 나이가 되기 전에 지역 활동이나 봉사 활동, 업무 등을 통해 타인과 사회에 기여하는 것이 중요합니다. 그러나 유감스럽게도 그런 기회를 얻지 못한 채 75세가 되었다면 어떻게 해야 할까요?

심신이 하락하는 범위 내에서 오늘부터라도 주위 사람들을 위한 일들을 찾아 조금씩 시도해보면 좋습니다. 솜씨가 좋은 사람이라면 천으로 소박한 장난감을 만들어서 보육원이나 유치원에 기증해봅시다. 원예를 좋아한다면 가까운 고령자 시설에 꽃이나 농작물을 보낼 수 있습니다. 집 앞에 떨어진 쓰레기를 줍기만 해도 괜찮습니다. 노년에도 남을 돕기 위해 할 수 있는 일이 아주 많습니다.

또 자화자찬처럼 들리기는 하지만, 이 책을 읽기만 해도 무언가 달라지리라 생각합니다. 타인과 사회에 공헌하는 일, 남을 돕는 일, 남에게 도움을 받는 일에 대해 전혀 생각해보지 않은 사람과 이 책을 읽으며 그것을 생각해본 사람은 사고방식부터 다를 테니 말입니다.

사람은 고립되면 반사회적이 된다.
심해지면 온 집안을 쓰레기로 가득 채우기도 한다.

남에게 신세 지기 싫다며 도움을 거부하다 보면 언젠가 고립되고 맙니다. 고립이란 타인과의 관계 맺기를 피하며 홀로 지내는 탓에 사회적 지원을 받지 못하는 상태를 말합니다. 고립과 고독은 비슷해 보이지만 고독이 어디까지나 주관적인 감정임에 비해 고립은 객관적으로 사회적 관계가 전혀 없는 상태를 가리킵니다.

사람은 원래 사회적 존재이기 때문에 사회에 받아들여지고 싶다는 근원적 욕구가 있습니다. 그래서 설사 자기 잘못으로 고립되었다 해도 사회가 자신의 '받아들여지고 싶다'는 환대의 욕구를 거부했다고 느끼게 됩니다. 그래서 고독과 분노에 빠져 사람을 피하고 반사회적으로 변합니다.

종종 사회 문제로 언급되는 '쓰레기 집'도 그렇게 생겨나는 듯합니다. 쓰레기 분리배출 방법을 잘 모르거나, 무슨 요일에 무엇을 버려야 할지 헷갈리거나, 혹은 몸이 좋지 않아 해당 요일에 쓰레기를 내놓지 못할 때가 누구에게나 있습니다. 그래서 어쩔 수 없이 대강 분리하여 적당한 요일에 쓰레기를 버렸더니 자기 쓰레기만 회수할 수 없다는 딱지가 붙은 채 집 앞에 그대로 있는 것을 발견했다고 가정해봅시다. 그런 일이 반복되다 보면 집안에 쓰레기를 점점 쌓아두게 됩니다. 그리고 '어째서 내 쓰레기만 가져가지 않는 거야?', '왜 날 괴롭히는 거지?', '아무도 도와주지 않는데 집에서 냄새가 나든 말든 내가 알 게 뭐야!'라는 식으로 분노를 부풀리며 점점 완고해집니다. 이쯤 되면 행정기관이 나서서 도우려 해도 도움을 거부할 것입니다.

물론 상황이 같다고 해서 모든 사람이 그렇게 반사회적으로 변하는 것은 아닙니다. 사실 평범하게 사는 사람이 훨씬 많습니다. 그러나 무언가 계기가 있어 고립되는 상황은 누구에게나 일어날 수 있습니다. 그럴 때 도움의 손길을 순순히 받아들이려면 평소에 마음의 울타리를 낮춰두어야 합니다.

특히 남성은 어릴 때부터 "남에게 아쉬운 소리를 해서는 안 된다"라는 압박감 속에서 성장합니다. 그래서 손을 내밀어 남에게 도움을 청하는 데 매우 서투릅니다. 약한 소리를 하는 것은 남자답지 못한 행동이며 성인 남자가 해서는 안 될 행동이라고 생각하기 때문입니다. 또 심신이 약해진 상태에서 도움을 청하는 일에는 강한 부채감이 따릅니다. 도움을 받아도 그 빚을 갚을 수 없으므로 상대에게 부담을 느끼는 것입니다. 게다가 자신이 빚을 갚을 수 없다는 것을 처음부터 알고 있으므로 약해질수록 도움을 요청하지 못하는 역설적인 상황이 벌어집니다.

이 '남자다움의 저주'에서 벗어나기는 쉽지 않습니다. 자신의 약한 모습을 속속들이 드러내야만 저주가 풀리는데, 그러기 위해서는 남자로서의 정체성이 붕괴될 것만 같기 때문입니다. 과연 어떻게 해야 이 저주에서 벗어날 수 있을까요?

오로지 연습하는 수밖에 없습니다. 부모의 건강 악화나 죽음, 배우자나 자신의 중병 등 부정적인 생애 사건이 일어날 때마다 남의 도움을 받는 연습을 하시기 바랍니다. 고난을 스스로 이겨내려는 노력은 가상하지만, 그것만 고집하면 인생의 마지막 시기를 행복하게 보낼 수 없습니다. 인생을 끝까지 행복하게 만들려면 마음의 울타리를 낮추고 자기개시를 하면서 자신의 약함을 남에게 드러내는 연습을 해야 합니다.

약한 사람이어서 도움을 요청하는 것이 아닙니다. 진정한 강자가 되려면 자신의 약점을 남에게 드러내며 스스로 소리 높여 도움을 요청할 줄도 알아야 합니다.

친구를 만나기가 귀찮아진다

친구끼리 모여도 즐겁지 않다.
어째서 사이가 벌어졌을까?

이 시기에는 60대 때 옛 추억을 이야기하며 사이좋게 지냈던 친구들이 점점 멀어지는 느낌이 듭니다. 또 친구끼리 술을 마시거나 여행을 가도 제멋대로 행동하는 사람이 많아서 피곤해집니다. 만남이 즐겁지 않으니 이제 그만 만날까 싶어지기도 합니다. 70대가 되면 이처럼 친구 사이가 점점 소원해지는 경우가 많습니다. 대체 왜 그럴까요?

사실 이 현상은 뇌의 정보처리 능력이 저하된 것과 관련이 있습니다. 부모가 이것 좀 해달라, 저것 좀 해달라며 자식에게 의존하는 이유는 노화로 인한 뇌의 정보처리 능력이 저하되어 많은 정보를 한꺼번에 처리하지 못하게 되었기 때문이라고 앞서 말한 것을 기억합니까? 이처럼 사람의 행동에는 매우 많은 양의 정보처리 과정이 필요한데, 이제 부모와 똑같은 일이 또래에게도 일어나고 있는 것입니다. 그래서 이전에는 함께 분담해서 했던 회식이나 여행 준비 일들이 부담스러워 바쁘다는 핑계를 대며 역할을 나누어 하지 않으려는 친구도 생길 것입니다.

또 뇌의 정보처리 능력이 저하되면 자기 문제만으로도 머리가 꽉 차서 주위 상황을 배려하지 못합니다. 노인들이 간혹 지하철을 탈 때 남을 밀치고 빈자리로 돌진하는 것도 주위 상황을 신경 쓸 만한 인지적 여유가 없기 때문입니다. 똑같은 이유로 친구들과의 모임에서도 자기 사정만 내세우며 "자기 집 근처에서 만나자"고 하는 사람이 나타납니다.

정보처리 능력이 저하된 사람은 자신을 잘 아는 친구에게 무의식적으로 의존하게 됩니다. 동시에 친구를 배려하지 못하고 행동하므로 '이기적인 사람'으로 여겨지기 쉽습니다. 단, 이 능력이 저하하는 시기에는 개인차가 있으므로 조금 더 빨리 진행된 사람의 경우 친구들에게 "자네 원래 그런 사람이 아니었는데 요즘 이기적으로 변했어"라는 말을 들을 것입니다.

그러나 상대방에게도 문제가 있습니다. 자신도 그 친구와 마찬가지로 체력과 기력이 쇠하고 정보처리 능력이 저하되는 중이라서 예전처럼 친구의 부탁을 들어주지 못하는 것입니다. 그럼에도 친구라서 의지가 되어 주고 싶은 마음도 동시에 있습니다. 그 상반된 마음이 갈등을 일으켜 더 큰 부담감을 낳기 때문에 친구를 만나는 게 생각만 해도 귀찮아지는 것입니다.

끝까지 친구와 사이좋게 지내려면 서로의 심신이 이런 상태임을 이해해주어야 합니다. 자신이 귀찮은 것처럼 상대도 귀찮을 것이라고 생각하면, 원래는 사이좋은 친구였으므로 서로 도우며 즐거운 시간을 보낼 수 있지 않을까요?

4장

생애
사건

손주에 대한 지원

자식과 손주에게
재정적 지원을 한다

손주에게 '교육 자금'을 미리 증여해주는 게 좋을까?
돈에는 마음이 얽히기 마련이다.

2013년부터 일본 정부는 '교육자금 일괄증여 비과세 제도'를 도입했습니다. 조부모가 30세 미만의 손자·손녀에게 등록금 등의 학비를 증여하면, 1인당 1,500만 엔(약 1억 5,000만 원)까지는 세금이 부과되지 않는 제도입니다. (원래 2018년 종료 예정이었지만 2020년까지 연장되었습니다.) 이 특례 조치에 따라 수업료나 시설 정비료, 수학여행 및 소풍 비용, 학교를 통해 구입하는 교재비 등 학교에 직접 지불하는 비용은 1,500만 엔까지 증여세 없이 증여할 수 있게 되었고, 그중 500만 엔(약 5,100만 원)은 보습학원이나 입시학원, 교습비 등 학교 이외의 교육 서비스에 사용할 수 있게 되었습니다.

이 제도의 목적은 전체 개인 금융 자산의 60%를 소유하고 있는 60대 이후 고령자의 자산을 현역 세대로 이전시켜서 경제 활성화를 유도하겠다는 취지입니다. 손주를 위해서라면 돈을 아끼지 않는 조부모의 심리를 겨냥한 교묘한 정책이기도 하지만, 이 제도가 가족에게 미치는 영향은 긍정적이지만은 않습니다.

이런 이야기를 들은 적이 있습니다. 저녁을 먹은 뒤 자기 방에 들어갔던 어머니가 볼일이 있었는지 아들 부부의 방 앞을 지나갔습니다. 때마침 며느리가 아들에게 가족끼리 여행을 가고 싶다고 말하는 것을 얼핏 듣고 어머니가 불쑥 끼어들며 "그래, 좋지. 나도 가고 싶구나"라고 말했더니 며느리가 얼굴을 찌푸렸다는 것입니다.

부모에게 아들은 자신의 가족입니다. 아들의 가족도 자신의 가족입니다. 그러나 며느리에게 가족이란 자신과 남편과 아이일 뿐 남편의 부모를 포함하지 않습니다. 사실 며느리는 시부모님에게 집을 봐 달라고 하고 '가족끼리' 여행을 가고 싶었던 것입니다. 같은 집에 살기는 해도 두 가족은 명확한 심리적 경계선으로 나뉘어 있었습니다. 그런데 시어머니가 그 경계선을 침범했기 때문에 며느리가 얼굴을 찌푸린 것입니다. 심리적 경계선을 명확히 파악하지 못하면 이처럼 문제가 생깁니다.

부모가 자식에게 재정적 지원을 할 경우, 돈만 주고 간섭을 하지 않으면 심리적 경계선이 흔들리지 않습니다. 그러나 돈을 주고 간섭을 하면 심리적 경계선이 무너집니다. 특히 부모가 담당해야 할 자녀의 교육 문제 등에 조부모가 간섭을 하는 것은 명확한 월권행위이므로 갈등이 생겨납니다.

앞에서 말한 제도를 활용하여 손주에게 재산을 증여할 경우, 그 돈의 용도가 애초에 '교육 자금'으로 한정되어 있는 데다 사용처도 상당히 상세히 정해져 있습니다. 그래서 조부모는 교육 자금을 증여함으로써 '우리가 손주의 교육을 담당한다'고 생각하게 됩니다. 일단 부모가 물려주면 자식이 자유롭게 쓸 수 있는 돈과는 그 쓰임과 의미가 전혀 다른 자산입니다.

과연 여러분은 귀중한 노후 자금을 자식에게 얼마나 내어주고 그 돈을 어떻게 쓸지 전혀 간섭하지 않을 수 있을까요? 1~2억 정도는 푼돈으로 여길 만큼 부자라면 괜찮겠지만 대부분은 그렇게 하기가 어려울 것입니다. "그 대학보다 이 대학이 낫지 않니?", "문과 말고 이과를 가야지", "음악 같은 건 굳이 돈 들여 가르칠 필요 없다"는 말이 무심코 튀어나오는 것이 인지상정입니다. 마음속에 손주의 교육은 우리가 지원하고 있다는 생각이 있으면 말이나 태도에서 드러나기 마련입니다.

교육 자금 이야기를 했지만, 무슨 용도이든 자식에게 돈을 주고 나면 부모의 세력이 강해집니다. 원래는 부모가 70대가 되면 심신이 쇠퇴하여 자식의 도움을 받을 일이 많아지므로 자식보다 세력이 약해지는 것이 보통입니다. 그러나 부모가 돈을 주면 언제까지나 부모의 세력이 자식의 세력을 압도하게 됩니다. 그 결과 부모가 가장인 가정 속에 자녀의 가정이 포함되는 구조가 만들어져 가족의 심리적 경계선이 불분명해지고, 갈등이 생길 여지가 많아집니다.

　정부, 금융 기관, 대중 매체가 경제적 효과에만 초점을 맞추어 이 제도를 이용할 것을 권장하지만, 교육 자금을 증여하는 일은 심리적으로 복잡한 문제를 내포하고 있습니다. 돈에는 반드시 마음이 얽히기 때문입니다. '큰돈을 주었는데 아무 말도 못하게 하느냐'며 화를 내거나 '이럴 줄 알았으면 돈을 주지 않았을 텐데'라고 후회하지 않기 위해서라도, 가족 사이에서도 심리적 경계선이 문제될 수 있음을 분명하게 의식해두는 것이 좋습니다.

세대 전승을 생각한다

부모가 호황기를 살았다면 자식과 손주는 불황기를 살아간다.
세대마다 가치관이 크게 다르다.

요즘 애들은 순하기만 하고 미덥지가 않다고 말하는 사람이
많습니다. '초식남*'이라는 말이 상징하듯 이성에게 관심도 없
고, 물욕도 없으며, 타인과의 경쟁도 싫어하는 젊은이들의 모
습은 마치 전쟁터와 같은 살벌한 경쟁 사회를 살아온 조부모
세대의 눈에는 한심스러워 보일 것입니다. 그래서 조부모에게
손주는 심약하고 미덥지 못하고 의욕이 없어 보이기 쉽습니다.

젊은이가 이처럼 '초식'이 된 데에는 그들이 고도경제성장
기에 태어나 풍요롭게 살면서 기존의 주입식 교육을 탈피한
'유토리 교육'을 받으며 성장했기 때문이라는 주장이 많지만,
저는 거품경제가 붕괴한 후 지금까지 이어진 불황이 그들의 정

---

* 초식동물처럼 온순하고 섬세한 남자를 일컫는 말.

신구조에 큰 영향을 미쳤기 때문이라고 생각합니다. 왜냐하면 부모가 경제적으로 곤란해지면 자녀도 정서가 불안정해지거나 희망을 잃어버리는 등 정신적으로 매우 큰 영향을 받았기 때문입니다.

그런데 요즘 젊은이들이 정말로 이성에 대한 관심도, 물욕도, 경쟁심도 없을까 하면 아마 그렇지 않을 거라고 저는 생각합니다. 그들이 그렇게 보이게 된 데에는 그것을 바라지 않아서가 아니라 바라면 바랄수록 괴롭기 때문이 아닐까 싶습니다. 요즘 젊은이들도 사실은 연애도 하고 싶고 멋진 차도 타고 싶고 놀러가고도 싶고 출세도 하고 싶을 것입니다. 그러나 아무리 원해도 이룰 수 없다는 것을 알기 때문에 무의식적으로 마음의 문을 닫은 것이 아닐까요?

바라면서도 갖지 못하는 상태, 참는 상태는 곧 억압된 상태입니다. 그 억압이 이미 일상이 되어버렸으므로 그들은 억압을 의식하며 불쾌해지기보다 의식하지 않고 사는 쪽을 선택한 듯합니다. 즉 마음의 평안을 유지하려면 악착같이 살거나 아니면 반대로 '육식'을 추구하지 말아야 합니다. 그런 모습이 조부모의 눈에는 연약해 보이는 것인데, 세대 사이에는 어쩔 수 없이 이런 격차가 존재합니다.

그러나 일부 조부모는 격차를 의식하지 못하고 걸핏하면 자신의 가치관을 손주에게 강요하려 합니다. 처음부터 강요하려

한 것이 아니라 '다 손주를 생각해서' 한 말이었지만 결과적으로는 역효과를 냅니다.

　노인들은 자신감이 있습니다. 지금까지 70년 넘게 이어져 온 자신의 삶의 방식과 가치관을 부정한다면 자신이라는 인간 전체가 부정당하는 셈이므로 인생이 무척 우울해질 것입니다. 그래서 노인들은 기본적으로 자신의 삶에 자신이 있고 자존심이 강합니다. 또한 노인은 남에게 도움이 되려고 애씁니다. 그래서 직장 일이나 지역 공헌 활동을 통해 남에게 도움을 주지 못하는 상태가 되면 그 눈길을 가족에게로 돌립니다. 누군가에게 도움을 주는 일은 자신의 삶에 가치를 부여하는 일이며 미래 비전을 만들어내는 일이기 때문입니다.

　이런 이유로 조부모는 잔소리나 설교를 많이 하는데, 손주가 듣기 싫어하거나 "시대가 달라졌어요" 하며 자신을 상대해주지 않으면 자존심과 자기 긍정감이 손상됩니다. 노인이 미래 비전을 품으려면 듣는 사람이 말과 태도를 통해 '당신의 메시지를 확실히 알아들었다'는 반응을 보여주어야 합니다. 그러나 말하는 사람인 노인 자신이 세대 격차를 의식하지 못하면 모처럼 했던 이야기도 듣는 사람에게 전혀 받아들여지지 않게 됩니다.

자식과 손주에게 무엇을 물려줄까?
당신의 삶을 보여주어라.

자식과 손주에게 자신의 가치관을 전해주는 것이 나쁜 일이냐 하면 그렇지는 않습니다. 세대에서 세대로 가치를 전하는 일, 즉 '세대 전승'은 매우 중요합니다. 단, 그때 전달하는 가치관은 세대 차이를 뛰어넘는 보편적 가치관이어야 합니다.

고령자들의 가계부를 조사해본 결과, 모든 항목에서 지출이 줄었는데 교제비 지출만 늘어난 것이 눈에 띄었습니다. 보통 교제비란 가계에서 경조사비나 손님 접대비 따위의 돈인데, 이 교제비 중에서도 손주와 관련된 지출이 가장 큰 비중을 차지했습니다. 이처럼 조부모는 손주에게 용돈을 주거나 학비를 보태는 등 금전적인 지원을 할 때가 많지만, 정말로 중요한 것은 정신적 지원입니다.

정신적 지원이란 힘들 때 위로를 한다는 뜻이 아닙니다. 물론 그것도 포함되지만, 더 중요한 것은 자신의 삶을 보여줌으로써 인간이란 무엇인가, 인생이란 무엇인가를 전하는 일입니다.

제 연구실에 조부모와 손주의 관계를 졸업논문의 주제로 잡은 학생이 있었습니다. 그는 조부모와의 유대관계가 손주에게 어떤 영향을 미치며, 특히 어떤 점에서 조부모가 손주에게 긍정적인 영향을 미치는지 조사했습니다. 그의 설문 결과에 따르면 조부모가 손주에게 미치는 영향 중 가장 득점이 높았던 항목은 "나에게 지속해서 관심과 애정을 보여준다", "내가 어떻게 커나가는지 현재 모습은 어떤지 나의 상태를 신경 써준다", "무슨 일이 있어도 항상 내 편이라는 믿음을 준다"였습니다. 손주에게 물심양면으로 도움이 되는 측면이니 당연한 결과일 것입니다.

그다음으로 고득점을 얻은 것이 "조부모를 보면서 인간의 죽음에 대해 생각해볼 수 있다", "조부모의 모습을 통해 나는 어떻게 나이 먹고 싶은지 생각할 수 있다"는 항목이었습니다.

이처럼 손주는 조부모로부터 삶과 죽음을 배웁니다. 일부러 가르치거나 설교를 하지 않아도 조부모가 어떻게 살아가는지 지켜보면서 조부모의 가치관을 자연스레 습득하게 되는 것입니다. 조부모가 나이에 관계없이 활기차게 생활하는 모습, 심신이 부자유한데도 행복하게 지내는 모습을 보여준다면, 손주 또한 '나도 나중에 저렇게 늙고 싶다'는 생각이 은연중에 들 것입니다.

손주는 물론 자식 역시 부모의 인생에 어떤 일들이 있었으며 부모가 그것을 어떻게 극복해왔는지 의외로 잘 모릅니다. 그것에 대해 이야기해주는 것은 설사 듣기 싫은 설교처럼 받아들여질지라도 무척 의미 있는 일입니다. 역사의 큰 흐름 속에서 자신이 어떻게 살아왔는지 전하는 과정을 통해 부모는 자신을 다시 돌아보게 되고 자식과 손주는 부모의 가치관을 계승하게 됩니다.

**세대를 이어 전승되는 가치에는 개별 세대성과 일반 세대성이 있다.
개별 세대성에만 그치면 노년이 시시해진다.**

모험가인 미우라 유이치로三浦雄一郎 씨는 2013년 5월에 역사상 최고령인 80세의 나이로 에베레스트 등정에 성공했습니다. 70세 때와 75세 때에 이어 세 번째로 성공한 것인데, 첫 등반인 70세 때 고령의 몸으로 에베레스트 등정에 도전했던 이유는 산악스키 선수인 아버지 미우라 게이조三浦敬三 씨 때문이었습니다.

유이치로 씨는 육십이 되었을 때 '이제 모험은 그만하자'라고 결심하면서 엄격한 훈련을 중단하고 마음껏 먹고 마시며 살았다고 합니다. 그 결과 164cm의 키에 몸무게가 90kg까지 불어나 대사증후군이 생겼고, 500m 산도 오르지 못하는 몸이 되어버렸습니다. 그러나 그의 아버지인 게이조 씨는 그런 아들에게 보란 듯이, 아흔을 넘은 나이에도 몽블랑의 대빙하를 달리기 위해 급사면 활강 훈련을 계속했습니다.

그 모습이 유이치로 씨의 마음에 불을 붙였습니다. 그래서

70세에 세계 최강의 사나이가 되어 보자는 마음을 먹고 훈련을 재개한 결과 에베레스트 등정에 멋지게 성공한 것입니다. 아버지 게이조 씨도 세 번의 골절을 딛고 도전한 끝에 2004년에 99세의 나이로 몽블랑 활강에 성공했습니다. 게이조 씨는 심지어 100세가 되던 해에 미국에서 아들 유이치로 씨, 손주, 증손주까지 4대가 함께 활강을 한 것으로 화제가 되기도 했습니다. 언제까지나 가슴에 품은 꿈을 향해 돌진하는 게이조 씨의 열정이 아들 유이치로 씨뿐만 아니라 손주와 증손주에게까지 이어진 것입니다.

99세에 몽블랑 빙하를 활강한 게이조 씨와 80세에 에베레스트에 등정한 유이치로 씨는 그야말로 범상치 않은 인물로, 아마노 유키치 씨가 말한 '광기'의 세상에 살고 있다고 할 수 있습니다. 그렇게 사는 것이야말로 그들의 본분이라고 말해도 좋을 것입니다. 일반적으로 자녀나 손주에게 계승하고 싶은 것을 물어보면 성실한 삶, 즉 '정기'의 세상에서 사는 법을 이야기하는 사람이 많습니다. 그러나 그것만으로는 시시합니다. 특히 조부모가 손주에게 무언가를 전하려 한다면 현역에서 일하는 부모가 전하지 못하는 것, 즉 광기의 세상에서 사는 재미와 본분을 찾고 실천하는 데 광기가 얼마나 중요한지를 전해야 하지 않을까요?

부모는 자녀에게 자신의 일하는 모습을 보여줌으로써 정

기의 세상에 필요한 가치관을 전할 수 있습니다. 그러나 은퇴한 조부모는 그럴 수 없습니다. 정기의 세상에 필요한 가치관을 전하려면 아무래도 듣기 싫은 설교를 하게 되어 손주가 조부모를 피할 것입니다. 그러나 광기의 세상이라면 걱정 없습니다. 은퇴 후에 밴드를 결성하여 라이브 활동을 하는 사람이 있는데, 자신의 조부모가 밴드를 결성했다는 사실을 알면 손주도 놀랄 것입니다. 그리고 사람은 나이를 먹어도 즐겁게 살 수 있다는 것, 사람으로서의 기쁨과 즐거움은 나이에 관계없이 지속된다는 것을 깨달을 것입니다. 조부모를 자신의 본보기로 삼을지도 모릅니다.

이렇게 광기의 세상—그 내용은 취미, 봉사, 지역 공헌 등 무엇이든 좋지만—을 파고들다 보면 그 광기가 가족 안에서 세대를 넘어 이어질 것입니다. 조부모의 삶이 자녀와 손주에게 전승되는 것입니다. 그리고 계속 더 파고들면 가족의 범위를 넘어선 세대 전승성도 생겨날 것입니다. 미우라 게이조 씨와 유이치로 씨의 삶은 가족뿐만 아니라 다른 사람들에게도 무척 멋져 보였습니다. 그래서 그 열정이 가족과 친척 이외의 타인, 또는 타인으로 이루어진 집단인 사회에까지 전승되었습니다.

저는 세대를 이어 전승되는 가치에는 개별 세대성과 일반 세대성이 있다고 생각합니다. 개별 세대성은 가족에게 물려주는 집이나 유산, 선산, 관습 등과 후손 자신을 포함합니다. 반면 일반 세대성은 세상 일반에 널리 전승되는 지식과 전통, 사회 공헌 등을 포함합니다. 미우라 게이조 씨와 유이치로 씨의 삶의 가치는 개별 세대성을 넘어서서 일반 세대성으로까지 승화되었다고 말할 수 있습니다.

80대

~~~~~~~~~~

상실을 넘어 새로운
미래 비전을 품는 시기

80대는 인생의 초읽기가 시작되는 시기입니다. 일본인의 평균 수명이 남성은 80세, 여성은 87세*이다 보니 대부분 사람들이 '나도 80대까지는 살겠지만 90대는 어떻게 될지 잘 모르겠다'고 생각합니다. 80대는 어쩔 수 없이 죽음을 의식하게 되는 시기이지만 나이가 많아질수록 기분이 긍정적으로 변하는 노인 특유의 '긍정 효과' 덕분에 심리 상태는 오히려 밝은 것이 특징입니다.

신체적으로는 온갖 병과 장애가 생기고 치매가 찾아오기도 합니다. 완전히 자립적으로 생활하기가 어려워지고 남의 도움을 받는 것이 일상이 되므로 시설에 들어가거나 자녀와 동거하게 됩니다. 건강 장수나 안티에이징에 큰 가치를 두었던 사람이라면 누군가의 돌봄을 받고 살아야 하는 처지를 받아들이지 못하고 상실감에 빠져 미래 비전을 잃을 것입니다. 따라서 이 시기에는 신체의 건강을 추구하기보다 내면을 충실히 채우는 것이 중요합니다.

또 이 시기에는 배우자의 죽음, 친구와 지인의 죽음 등 중대한 상실도 경험하게 됩니다. 이런 경험 역시 미래 비전을 축소합니다. 이때 상실을 극복하고 미래 비전을 찾는 사람만이 인생의 마지막 시기를 행복하게 보낼 수 있습니다.

———————————

* 한국인의 평균 수명은 남성이 79.7세, 여성이 85.7세(2017년 통계청 발표 자료).

1장

생애
사건

나나 배우자가
몸져눕고
치매에 걸린다

몸져눕거나 치매에 걸린다

몸져눕거나 치매에 걸리더라도
미래 비전을 잃지 않을 수 있다.

요양이 필요하다는 판정을 받거나 인지장애 진단을 받으면 '난 이제 끝이구나'라고 절망하며 삶의 의욕을 잃는 사람이 있습니다. 집 밖으로는 한 발자국도 나오지 않고 심지어 종일 잠옷 차림으로 집 안에서 꼼짝 않고 지내는 사람이 있습니다. 암 선고를 받은 경우도 마찬가지여서, 암에 걸린 것을 몰랐다면 평소처럼 생활할 수 있었을 텐데 암이라는 사실을 알게 되면서 자각 증상이 없는데도 침울해지는 사람이 있습니다.

다만 인지장애 진단과 요양 대상자 판정이 암과 다른 점은, 등급에 따른 요양보험 혜택을 받을 수 있기 때문에 그나마 가족의 부담이 덜어진다는 것입니다. 혹시라도 암이 아닐까 두려워 아예 검사조차 받기가 싫으면 암 검진을 받지 않아도 됩니다. 그러나 요양보험은 다릅니다. 그래서 본인이 원치 않아도 가족을 위해서 혹은 가족의 강요로 요양보험 등급 심사를 받는 경우가 있습니다.

요양 판정을 받을 때, 가족으로서는 요양보험 혜택을 더 많이 받기 위해 좀 더 높은 등급이 나왔으면 하지만 검사 당일에는 웬일인지 평소에 못하던 일까지 척척 해내는 바람에 등급이 낮게 나왔다는 이야기를 종종 듣습니다. 자신이 요양이 필요한 사람이 되었음을 인정하기가 싫었기 때문일 것입니다.

요양 판정을 받거나 인지기능장애 진단을 받으면 미래 비전이 사라져서 삶의 의욕까지 잃기 쉽습니다. 특히 인지기능장애에 관해서는 비참한 사례가 많이 보도되므로 자신도 치매에 걸리면 그렇게 될 거라고 생각해 우울증에 빠지기 쉽습니다. 그러나 그런 정보에는 휘둘리지 않는 것이 좋습니다.

요양 등급 판정을 받았다고 해서 내일 갑자기 인생이 달라지는 것이 아닙니다. 내일 당장 아무 일도 못하게 되는 것도 아니고 금세 죽는 것도 아닙니다. 게다가 사람은 누구나 언젠가 아무것도 못하게 되고 결국은 죽습니다. 누구나 죽기 위해 사는 것입니다. 그걸 알면서도 환자들이 미래 비전을 잃고 마는 것은 누워 지내면서, 치매를 앓으면서 행복하게 사는 사람을 본 적이 없어서인지도 모릅니다. 소위 본보기가 없는 것입니다.

그러나 실제로는 누워서 지내거나 치매를 앓고 있으면서도 미래 비전을 품고 행복하게 사는 사람이 많습니다. 예를 들어 오랫동안 간호사로 일하다 60대에 인지기능장애 진단을 받은 여성이 있었습니다. 60대에 치매 진단을 받으면 70대, 80대에 치매 진단받았을 때보다 훨씬 더 큰 충격을 받습니다. 60대면 아직은 스스로를 노인으로 자각하지 못하는 데다 미래가 한창 남았다고 느끼기 때문입니다.

그래도 그 여성은 '병원 일은 어렵지만 가능한 한 남을 돕고 싶다'는 마음에서 요양 시설에서 봉사 활동을 하고 있습니다. 구체적으로는 주간보호 서비스를 받는 노인들의 혈압, 맥박, 호흡 및 체온을 점검하는 일을 합니다. 또 그는 달력에 자녀들이 방문할 날짜와 남편과 여행을 갈 날짜를 표시했다가 하루가 끝날 때마다 달력에 가위표를 그리고 남은 날수를 세면서 즐거워하고 있습니다.

미래 비전을 유지하려면 단기적인 목표와 장기적인 목표가 둘 다 필요합니다. 장기적인 목표는 막연하기는 해도 미래 비전을 계속 품어나가는 데 빠져서는 안 됩니다. 눈앞의 일정을 소화하는 것만으로는 삶의 의욕을 되살리기가 어렵기 때문인데, 몸져눕거나 치매가 생기면 이 장기적인 목표를 세우기 어려워져 미래 비전도 희박해지게 됩니다.

그렇다고 장기 목표를 전혀 세울 수 없느냐 하면 그렇지는 않습니다. 위에서 소개한 여성의 경우, 자녀들을 만나는 것이나 남편과 여행을 가는 것은 단기 목표에 해당합니다. 그에 비해 '가능한 한 남을 돕고 싶다'는 것은 단기 목표가 아니라 죽을 때까지 실천할 수 있는 장기 목표입니다. 이것이 아마도 그녀의 인생의 본분일 것입니다.

그 여성도 인지기능장애를 앓고 있으니 언젠가는 봉사 활동도 그만두어야 할 것입니다. 그러나 '남을 돕고 싶다'는 생각만은 마음속에 반드시 남을 것입니다. 그것이 그의 인생의 본분이며 간절히 바라는 일이기 때문입니다. 그 마음은 죽을 때까지 사라지지 않을 것입니다. 그런 의미에서, 이 여성은 치매가 심해져도 장기 목표와 미래 비전을 잃지 않으리라 생각합니다.

주간보호 서비스나 가정 방문 요양 서비스를 꺼리는 이유는 과연 무엇일까?

80세 전후가 되면 대부분의 사람이 "이제 사람들한테 도움을 받기만 해서 마음이 좋지 않다"고 말하기 시작합니다. 이는 아직 몸져눕지 않은, 체력과 기력이 남은 듯 보이는 사람도 마찬가지입니다. 어쩐지 마음이 약해진 듯, 돌봄을 받는 처지가 되었다는 것을 실감하는 것입니다.

그러나 노인은 기본적으로 긍정적입니다. 늙음 자체는 누구에게나 부정적인 사건인데도 그 영향을 정통으로 받는 노인들의 마음이 긍정적이라는 것이 예전부터 노년심리학의 수수께끼였습니다. 학자들은 이것을 노인 특유의 '긍정 효과'라고 부릅니다. 여러분 주변에도 100세에 가까운 고령이면서 죽음을 두려워하지도 않고 매일 싱글싱글 웃으며 지내는 사람이 있지 않습니까?

그것은 아마도 그들의 여생이 짧기 때문일 것입니다. 원래 사람의 마음은 부정적인 상태와 긍정적인 상태의 딱 중간에 위치하지 않습니다. 보통은 긍정에 좀 더 가까운데, 그것 역시 자신이 언젠가 죽는다는 것을 알기 때문이라고 생각합니다. 죽을 것을 알면서도 열심히 살려면 '나는 살 가치가 있다'는 자기 긍정감과 자존감이 필요합니다. 그래서 여생이 줄어들수록 그런 자기 긍정감과 자존감이 강해집니다. 노인들이 긍정적인 것은 그 때문입니다.

그러나 심신이 쇠퇴하여 뜻대로 할 수 없는 일이 많아질수록 마음이 불편해집니다. 게다가 돌봄이 필요해져서 주간보호센터에 다니다 보면 어린아이들이나 하는 풍선 배구나 색칠 공부 같은 놀이를 시키니 자존심이 상합니다. 집에 가정 요양사를 들이는 것도 자존심이 허락하지 않습니다. 집안일을 해줄 가사 도우미라면 자신이 고용주이니 괜찮습니다. 그러나 가정 요양사는 자신을 돌보는 사람이므로 자신이 더 낮은 입장인 것처럼 느껴집니다. 그래서 무의식적으로 자존심을 지키려고 요양사에게 일부러 고압적인 태도를 취하거나 해서 미움을 사기도 합니다.

재해 현장에서도 이런 일이 종종 벌어집니다. 재해 직후 도착하는 지원 물자를 받는 것까지는 문제가 없습니다. 그러나 시간이 지나 일상으로 돌아가 개별적으로 지원을 받기 시작하면 도움을 받는 사람과 도움을 주는 사람 사이에 대립이 적잖이 일어납니다. 도움을 받는 사람이 자신이 마치 아랫사람이 된 듯한 기분과 빚진 기분을 느끼기 때문입니다.

게다가 도움을 받는 피해자는 마음이 부정적으로 변한 상태입니다. 그래서 돕는 사람을 보고 '당신들은 우리 마음을 몰라!'라고 생각을 품습니다. 그러면 돕는 사람들은 '모르는 건 당신들이야!'라고 반박하는 마음을 품습니다. 서로 그렇게 생각해야만 어려움을 극복할 수 있기 때문이겠지만, 일단 이 험악한 시기를 잘 넘기면 결국 마음이 통하는 시기가 옵니다. 피해자가 '남의 일인데도 자기 일처럼 걱정해주는구나'라고 느낄 만큼 대등한 친구 관계가 형성되는 것입니다.

사실 가정 방문 요양 서비스의 경우 매번 같은 사람이 오는 것이 아니라서 친구 같은 관계를 형성하기는 어렵습니다. 그러나 상대의 마음을 공감하는 '당사자성'에 대해서는 돕는 사람도 깊이 고민하고 있습니다. '저 사람이 내 마음을 이해하려고 노력하는구나'라고 생각한다면 자신이 낮은 입장인 듯해 불편해하거나 '어차피 내 마음을 모르잖아'라고 삐딱하게 나갈 필요가 없지 않을까요?

환자 모임이나
가족 모임에 참여한다

배우자가 몸져눕거나 치매가 시작된 경우,
비참한 사태를 피하려면 요양을 사회화해야 한다.

몸을 가누지 못해 누워 지내게 되거나 인지기능장애가 생기면 본인도 괴롭겠지만 배우자도 무척 괴롭습니다. 특히 치매가 발병하면 전에 할 수 있었던 일을 점점 못하게 될 뿐만 아니라 배우자를 알아보지도 못하게 됩니다. 심지어 지갑이 없어졌다며 배우자를 도둑 취급하거나 집에 간다면서 집을 나가버리는 등 갖가지 황당한 행동을 해서 돌보는 사람을 당황하게 만듭니다.

이럴 때는 반드시 외부 전문가와 상담하여 도움을 받아야 합니다. 그러나 간혹 남의 도움을 거절하는 사람이 있습니다. 제2부에서 말했다시피 남성은 특히 약한 모습을 보이면 안 된다고 생각해서 도움을 청하지 않는 경우가 많습니다. 그러나 이것은 매우 위험한 선택입니다. 고령자 돌봄의 경우, 돌보는 사람이 아무리 정성을 들이고 시간을 들여도 환자의 상태는 나아지지 않습니다. 노력과 관계없이 서서히 혹은 갑자기 나빠지는 것이 정상입니다. 그래서 그런 상황을 받아들이지 못하고 '이렇게 노력하는데도 어째서 좋아지지 않는 거야!'라며 환자에게 분통을 터뜨리거나 환자를 학대하는 사람, 심지어 절망하여 자살을 시도하는 사람도 있습니다.

그렇게 되지 않으려면 외부의 도움을 받는 일, 즉 요양을 사회화하는 것이 중요합니다. 그러려면 일단 요양 보호사 등 요양 전문가와 상담을 해야 합니다. 간혹 요양 전문가가 하는 말은 흘려듣고 의사의 말에만 귀를 기울이는 사람이 있는데, 그것은 바람직하지 않습니다. 요양에 대해서는 잘 모르고 그저 약만 먹이면 된다고 생각하는 의사도 가끔 있기 때문입니다. 예를 들어 배회, 밤낮 역전 등 치매의 주변 증상을 의사에게 말하면 향정신성 약을 처방해줄 때가 많은데, 이런 약물 치료는 역효과를 낼 수 있습니다. 그러므로 요양 전문가와 의료 전문가의 말을 각각 주의 깊게 들을 필요가 있습니다.

요양의 사회화에는 아픈 가족뿐만 아니라 다른 사람을 돕는 일도 포함됩니다. 예를 들어 치매 부인을 둔 한 남편은 시의 '가족 요양자회'의 회장으로 일하고 있습니다. 그는 처음에는 부인을 돌보기만 하다가 주간보호센터의 직원과 조금씩 친해져 가족 요양자회에 참여하게 되었고, 자신과 같은 처지인 사람들을 돕다 보니 회장으로 추대되었다고 합니다.

'치매 환자와 가족의 모임'을 비롯한 환자회, 가족회가 전국 각지에 개설되어 있습니다. 병에 따라 환자 모임이 있고, 남성이나 여성만 모이는 모임도 있습니다. 일부 시설에는 입소자 가족 모임도 있습니다. 요양을 사회화하려면 그런 모임에 참여하는 것이 좋습니다.

처음에는 시설이나 병원에 대한 정보, 최신 치료법이나 관리 방법 등에 관한 유익한 의료 정보 등을 얻을 목적으로만 참여해도 괜찮습니다. 그러나 참여하다 보면 어느새 동료들과 고민과 불안을 공유하고 서로 격려하고 위로하면서 마음이 가벼워지는 것을 알아챌 것입니다. 눈에 보이지 않는 이익을 얻게 되는 것입니다.

좀 더 참여하다 보면 '감정의 역전'이 일어나 마음이 긍정적으로 바뀌어 기쁨을 느낄 수 있게 됩니다. 똑같은 처지인데도 무척 밝은 사람, 굉장히 힘들 텐데도 다른 사람을 돕는 사람의 모습을 보게 되기 때문입니다. 그런 동료들의 영향을 받아 스스로 밝아지면 자신의 옆에 있는 동료에게도 긍정적인 마음을 전파할 수 있습니다. 자신이 구원받아야 남을 구원할 수 있는 것입니다.

2장

생애
사건

시설에 입소하거나
자녀와 동거한다

시설에 입소한다

부모를 시설로 모시기 전까지 많은 갈등을 겪는다.
본인이 시설에 입소할 경우는 입소 후부터 갈등이 시작된다.

부모를 요양 시설로 모실 때 자식의 마음은 이루 말할 수 없이 복잡해집니다. 미안함과 안도감, 쓸쓸함과 해방감 등 상반된 감정이 동시에 밀려들기 때문입니다. 그러나 부모가 시설에 적응해 평온하게 지내는 것을 보면 그 마음이 서서히 누그러집니다.

그렇다면 자신이 요양 시설에 입소할 경우는 어떨까요? 물론 들어가기 전에도 고민이 되겠지만 들어간 뒤에도 갈등을 겪게 됩니다. 누구나 처음 3개월 정도는 '입소 부적응'을 경험한다고 합니다.

시설 생활에 적응하기 가장 어려운 이유는 자유가 없기 때문입니다. 돌봄 서비스가 포함된 요양원 등은 대개 집단생활이 원칙입니다. 개인 방이 있기는 하지만 식사 시간과 입욕 시간이 정해져 있어서 마음대로 밥을 먹거나 밤중에 목욕을 할 수 없습니다. 자기 집에서 살 때는 내키는 대로 밥도 먹고 목욕도 했지만 시설에서는 정해진 시간에만 할 수 있습니다. 식사 메뉴를 마음대로 정할 수도 없습니다. 먹고 싶은 것을 선택할 수 있는 곳도 있지만 기껏해야 두세 종류 정도라서 좋아하는 음식을 마음껏 먹을 수는 없습니다.

그래서 집단생활이라는 특수한 환경에 적응하지 못하는 사람은 살이 빠지거나 우울해집니다. 치매가 있는 사람은 난동을 부리거나 돌봄을 거부하기도 합니다. 그러나 개인의 다양한 요구를 하나하나 들어주다 보면 시설 운영에 어려움이 많을 것입니다. 따라서 시설 운영자 입장에서는 시설에 입소한 분들이 어느 정도 불편을 감소하는 게 당연하다고 생각하며, 입소자 스스로도 그 사실을 속으로는 인정합니다. 그래서 3개월쯤 지나면 그 생활에 적응하여 평온해지는 것입니다.

그런데 여기서 말하는 '자유가 없는' 상태란 근본적으로는 어떤 상태를 말할까요? 여러분은 '자유'가 무엇이라고 생각합니까?

자유란 '자기 결정권', 즉 '자율'입니다. 인간에게 자유란 자신의 일을 스스로 결정할 수 있는 권리입니다. 그리고 인간이란 살아 있는 한 자유를 갈망하는 존재입니다. 그래서 자율을 침해당하면 고통을 느끼게 마련인데, 지금의 요양 현장은 아쉽게도 자율을 중시하지 않습니다. 정부가 '자립'을 중시하여 건강 수명을 늘리는 데만 열중해서인지, 요양원도 '자율'을 지원하기보다 '자립'을 지원하는 곳이 많습니다.

그러므로 시설에 들어갈 예정이라면 되도록 자율을 중시하는 곳을 찾아보는 것이 좋습니다. 시설의 외견이나 홍보물의 설명만 보고 판단하지 말고 체험 입소 등을 통해 직원이 입소자를 어떻게 대하는지 직접 보아야 합니다. 그런 과정을 통해 입소자의 자기 결정권을 되도록 존중하는 곳을 선택합시다.

자녀와 함께 산다

> 한 집안에 두 가정이 산다면
> 물리적 경계선과 심리적 경계선을 의식하자.

자녀와 같이 살기 시작하면 가족적 생활권이 새로워집니다. 이전에는 부부 두 사람 혹은 혼자 생활했지만 앞으로는 자녀 일가와 함께 더 큰 생활권에서 지내게 됩니다. 물론 자녀의 가정과 완전히 같은 생활권을 공유하는 것은 아닙니다. 자녀의 입장에서 부모는 자신의 가족과는 별개인 다른 가족입니다. 제 2부 4장 〈생애 사건―손주에 대한 지원〉에서 며느리가 "가족끼리 여행 가자"라고 하는 말을 듣고 "좋다"고 말했다가 며느리의 빈축을 샀던 시어머니의 이야기를 했는데, 이처럼 부모의 눈에는 자녀의 가족이 자기 가족으로 보여도 자녀의 눈에는 그렇지 않다는 것을 알아야 합니다.

이처럼 부모의 가정과 자녀의 가정을 구분하는 심리적 경계를 '세대 경계'라고 하는데, 젊은 세대는 이것에 매우 민감합니다. 그래서 경계를 알아채지 못하고 선을 넘으면 갈등이 생겨 사이가 벌어지고 맙니다.

최근에 지인에게서 이런 이야기를 들었습니다. 손녀가 스마트폰을 갖고 싶어 해서 사주었는데, 얼마 후 아들이 전화를 걸어 "아버지가 큰맘 먹고 사주신 건 감사한데 죄송하지만 아무래도 해지해야 될 것 같아요"라고 했다는 것입니다. 왜 그러느냐고 물으니 "스마트폰을 통한 집단 괴롭힘이 문제가 되고 있으니 없는 게 낫다"라는 것이었습니다.

물론 손녀를 생각해서 사주었지만, 저의 지인이 경계를 알아채지 못하고 아들 가족에게 침입한 것입니다. 손녀에게 스마트폰을 사주느냐 마느냐는 양육의 책임을 맡은 부모가 판단할 일이며, 어디까지나 아들 가정의 문제였습니다. 이 심리적 경계선을 알아채지 못하면 무신경한 사람 취급을 받거나 엉뚱하게 자녀와의 사이가 벌어질 수 있으므로 조심해야 합니다.

이 지인과는 반대로, 세대 경계를 너무 명확히 지키려다가 문제가 생기는 경우도 있습니다. 몇 년 전에 두 세대가 함께 살아갈 주택을 짓고 부모와 함께 살기 시작한 친구가 있었습니다. 아들 가족은 2층, 부모는 1층에 살기로 하고 주방과 현관문을 따로 만들었다고 합니다. 맞벌이를 하며 둘 다 늦게 퇴근하기 때문에 부모의 휴식을 방해하지 않으려고 일부러 배려한 것이었지만 예상치 못한 일이 일어났습니다. 아버지가 돌아가

시고 혼자 남은 어머니가 집 안에 고립된 것입니다.

두 세대 주택은 하나의 집에 두 가정이 살 때, 물리적 경계를 분명히 해서 심리적 경계를 지키고 세대 간의 갈등을 예방하려는 의도로 설계되는 주택입니다. 여기서 물리적 경계란 광열비나 식비 등의 비용을 어떻게 나누고 식사 준비와 청소 등의 살림은 누가 얼마나 담당할지를 현실적으로 구분하는 선을 말합니다. 한편 심리적 경계란 손주의 교육에 어디까지 관여할지, 아들과 며느리가 싸웠을 때 얼마만큼 아는 체를 할지 눈에 보이지 않는 경계선을 말합니다. 이 두 가지 경계가 모호하면 상호 과도한 개입이 발생하고 갈등이 벌어집니다.

두 세대 주택은 이런 갈등을 미연에 방지할 수 있어 효과적이지만 심리적 경계를 모호하게 설정한 채 물리적 경계만 분명하면 아무 소용이 없는 데다, 친구네 집처럼 물리적 경계가 심리적 거리로 굳어지는 일도 많다는 것이 현실입니다.

그래서 요즘은 배우자와 사별하고 나서 생활이 현저히 어려워지거나 몸져누운 다음에야 비로소 자식네들과 함께 사는 것을 선택하는 부모가 늘고 있습니다. 단, 이 경우에는 부모가 약해진 뒤에 시작한 동거이므로 자녀의 세력이 압도적으로 강하다는 것에 주의해야 합니다. 그래서 부모가 무언가 마음에 안드는 게 있어도 불만을 이야기하지 못하므로 결국은 돌봄이 통제로 바뀔 수 있습니다. 서로 상대를 배려하는 마음으로 시작한 동거라도 무리하면 비극적 결말이 기다릴 뿐입니다.

그런 사태를 막으려면 건강할 때부터 자녀에게 "너무 애쓰지 말라"거나 "공공 서비스를 최대한 이용하라"고 이야기해두는 것이 좋습니다. 자녀와 사이가 멀어져 있는 사람이라면 지금부터라도 함께 식사를 하거나 여행을 하면서 관계를 회복하려고 노력해봅시다.

친구와
지인의 죽음

충실 네트워크의 상실

가족을 잃으면 고립되고 친구를 잃으면 고독해진다.
어떻게 내적 세계를 깊게 할 수 있을까?

고령인 사람에게는 '안심 네트워크'와 '충실 네트워크'가 중요하다고 합니다. 안심 네트워크란 '지원 네트워크'로도 바꿔 말할 수 있는데, 어려울 때나 불안할 때 도와줄 사람, 일상적으로 이야기를 나누는 사람들이 이 안심 네크워크에 해당됩니다. 충실 네트워크는 취미 동료나 친구 등 삶의 보람을 함께 나누는 사람들을 가리킵니다. 사람은 안심 네트워크를 상실하면 고립되고, 충실 네트워크를 상실하면 고독해집니다.

장수하는 사람일수록 친구들을 먼저 떠나보내게 되는 일이 많은데, 이것이 충실 네트워크의 상실, 즉 고독을 낳습니다. 같은 시대를 살아가며 많은 것을 함께한 친구들이 죽으면 추억을 공유할 사람이 없어집니다. 그러나 부모가 죽었을 때와 마찬가지로 친구가 죽은 후에도 친구와의 유대를 이어갈 수 있습니다. 마음속에 있는 친구에게 말을 걸고 그 존재를 가까이 느낀다면 친구가 마음속에 계속 살아 있는 셈이니 고독해지지 않을 것입니다.

또 80대가 되면 70대 때보다 생활권이 더 축소되기 마련입니다. 밖에 나가 친구와 무언가를 하기보다 자신의 내적 세계를 깊어지게 하는 방향으로 마음이 움직이기 때문입니다. 실제로 친구를 만나지 못해도 마음속 친구와 대화하고 자신에게 소중한 것을 생각하다 보면 내적 세계가 풍성해질 것입니다.

나이를 먹을수록 건망증이 심해지는 등 인지 기능이 저하하므로 늙으면 '지능' 자체가 쇠퇴한다고 생각하는 사람도 있지만 그건 오해입니다. 사람의 지능에는 나이와 함께 쇠퇴하는 지능과 그렇지 않은 지능이 있습니다. 나이와 함께 쇠퇴하는 지능을 '유동 지능流動知能', 그렇지 않은 지능을 '결정 지능結晶知能'이라고 합니다.

유동 지능은 뇌라는 하드웨어의 성능에 좌우되는 지능이므로 나이를 먹을수록 쇠퇴합니다. 계산을 빨리하는 연산 능력, 도형처리 능력 등 소위 정보처리 능력이 여기에 해당합니다. 한편 결정 지능은 경험을 통해 획득하고 사고의 축적으로 연마되는 이해력과 통찰력, 자기성찰 능력 등을 말합니다. 이것은 뇌가 한꺼번에 얼마나 많은 일을 할 수 있느냐를 가리키는 정보처리 능력과는 전혀 다른 개념이니 나이를 먹어도 쇠퇴하지 않습니다.

통찰력과 자기성찰 능력을 길러주는 계기들은 오히려 나이를 먹을수록 더 많이 만들 수 있습니다. 그렇기 때문에 나이가 많아도 책을 읽거나 영화를 보거나 죽은 부모나 친구와 대화를 나누며 내적 경험을 쌓고 깊이 생각하는 습관을 가지면 결정 지능을 높이는 데 도움이 됩니다. 나이가 몇이든 자신의 내면을 풍성하게 채울 수 있는 것입니다.

인간에게 정말로 중요한 것은 정보처리 능력이 아닙니다. 사람은 결코 계산 속도로 컴퓨터를 따라잡을 수 없습니다. 인간에게 정말로 중요한 것은 '현자의 지혜'로 불리는 예리한 통찰력과 깊은 이해력입니다. 그것이 바로 결정 지능이며, 여러분은 이 지능을 평생 연마할 수 있습니다.

젊었을 때 좋아했던
연예인의 죽음

**청춘 시절의 자유롭던 미래 비전을 떠나보내고
행복한 노년을 위한 미래 비전을 획득한다.**

우리는 젊을 시절에 좋아했던 연예인이 죽으면 마치 자신의 일부를 잃은 듯한 충격을 받습니다. 부모가 떠났을 때는, 비록 가까운 사람이 죽기는 했지만 세대가 전혀 달라서 그 죽음과 자신의 죽음을 별개로 생각할 수 있었지만 좋아했던 연예인의 죽음은 그렇지 않습니다.

왜냐하면 연예인은 '자아 관여Ego Involvement*'가 강한 대상이기 때문입니다. 젊을 때 우리는 연예인들에게 자기 자신을 투영하거나 그들과 가까워질 듯한 느낌을 받으면서 강한 자아 관

---

* 주어진 심리 현상을 자기 일처럼 느끼는 것. 사람이 어떤 행동을 할 때에 '이것은 내가 할 일이다', '이것은 우리 집안일이다', '친구의 일이다', '그러니까 내가 꼭 알아야 하고 내가 나서야 한다'고 생각하며 행동하는 경우가 있다. 구체적인 행동 속에 이런 태도가 깃들어 있는 것을 자아 관여라고 한다.

여를 경험합니다. 그래서 그들의 부고를 접하면 자기 인생의 중요한 부분이 떨어져나간 듯한 충격을 받는 것입니다.

두 번째로, 젊을 때 좋아했던 연예인의 죽음을 계기로 자신의 청춘도 끝났음을 실감하기 때문입니다. 청춘이란 현실과는 관계없이 큰 꿈을 꿀 수 있는 시기입니다. 그때는 실현 가능성이 문제되지 않습니다. 마음껏 미래를 상상할 수 있었으므로 자신이 유명인이 되거나 유명인의 연인이 되는 꿈도 자유롭게 꿀 수 있었습니다. 그러나 그들의 죽음과 동시에 자신의 꿈도, 꿈을 꿀 자유도 사라졌다는 사실을 자각합니다. 즉 두 번 다시 청춘의 자유를 누릴 수 없음을 절감하는 것입니다.

사실 어디에도 구속되지 않은 자유로운 청춘의 꿈은 미래에 자신의 개성을 만들어가는 데 중요한 에너지였으므로 나이가 들면서, 특히 노년에 그런 꿈들이 사라지는 것은 당연합니다. 그 대신 노년에는 노년 나름의 비전이 있습니다. 많지는 않지만 중요한 꿈들, 폭은 좁아도 깊이 있는 꿈을 꿀 수 있다는 이야기입니다.

그러한 비전은 자신의 마음속에서 찾을 수 있습니다. 그러므로 자신의 마음을 들여다보고 자신도 몰랐던 새로운 자신을 찾읍시다. 자신이 좋아하는 일에 더욱 몰입합시다. 지적 호기심을 갖고 결정 지능을 높입시다. 그런 태도가 노년의 미래 비전을 만들어낼 것입니다.

4장

생애
사건

배우자의 죽음

사별의 상실감과
죽음의 수용

배우자가 위독한 상태일 때,
불안과 혼란 속에서 상실에 대한 마음의 준비를 한다.

한 지인이 이런 이야기를 해주었습니다. 어머니가 뇌동맥류 파열로 쓰러져 급히 구급차에 실려 간 다음날 아침, 집에서 기다리고 계셨던 아버지가 새벽 5시에 일어나 된장국을 끓였다고 합니다.

그 마음을 어쩐지 알 것 같습니다. 아마 아버지는 오랫동안 같이 산 아내가 앞으로 어떻게 될지 모르는 상황, 죽을지도 모르고, 깨어나도 일어나지 못해 누워 지내게 될지도 모르는 상황에서 불안과 혼란에 휩싸였을 것입니다. 아내의 상태도 그렇지만 자신의 마음 상태도 어떻게 될지 몰랐겠지요. 그래서 예측이 가능한 일부터, 즉 무엇을 먹을지 결정해 식사를 준비하는 일을 한 것입니다.

어쩌면 그때까지 아내가 해왔던 일을 손수 하면서 상실을 무의식적으로 대비하려 한 것인지도 모릅니다. 아내를 떠나보낼 마음의 준비를 했다는 말인데, 이는 곧 그때까지 마음의 준비가 전혀 되어 있지 않았다는 뜻이기도 합니다. 남성들은 대부분 아내를 사별할 마음의 준비를 하지 않습니다. 지인의 아버지도 전혀 준비하지 못한 상황에서 자신의 마음이 어떻게 될지 몰라 무척 괴로웠을 것입니다.

반면 여성은 남편이 아무래도 먼저 죽지 않을까 생각하는 경우가 많은 것 같습니다. 남편이 연상인 경우가 많은 데다가 여성의 평균 수명이 더 길기 때문이겠지요. 물론 그렇게 생각한다고 해도 혼란이 없는 것은 아닙니다. 또 그렇게 예상하기 때문에 살아 있는 동안의 시간이 더욱 불안해집니다. 상실의 불안을 줄곧 느껴야 하기 때문이지요.

그렇지만 배우자의 죽음을 어느 정도 예측했던 사람은 실제로 배우자와 사별한 뒤 회복이 상대적으로 빠릅니다. 그래서 사고나 재해 등으로 갑작스레 배우자를 잃었을 경우 시간이 많이 흘렀는데도 현실을 받아들이지 못하고 좀처럼 회복하지 못하는 사람이 있는 것입니다.

또 사별하는 나이에 따라서도 회복 속도가 달라집니다. 일반적으로는 젊은 사람의 회복 속도가 좀 더 빠른 듯합니다. 80세에 남편과 사별한 사람이 저에게 일전에 이런 말을 한 적이 있습니다. "이 나이가 되면 둘이 가까스로 한 사람 몫의 생활을 감당하게 되는데, 남편을 먼저 보내고 나니 매일의 생활이 무척 힘듭니다."

고령이라도 부부가 사이좋게 살면 주위 사람들의 부러움을 삽니다. 그러나 언젠가는 반드시 한 사람이 먼저 떠나고 한 사람이 남게 됩니다. 그럴 때 남아 있는 사람이 회복의 의지를 잃어버리거나 일상생활을 못하게 되는 경우가 있습니다. 그러므로 그런 사람은 주위에서 신경을 써주어야 합니다. 젊은 나이라면 스스로 회복할 수 있어도 80세를 넘으면 혼자 회복하기가 무척 어렵습니다. 게다가 배우자는 안심 네트워크와 충실 네트워크에 공통으로 속한 핵심 인물입니다. 따라서 배우자와 사별하면 고립과 고독의 위험성이 매우 커집니다.

앞에서 소개한 지인의 아버지도 머지않아 아내와 사별했는데, 그 후 지인이 한동안 아버지의 집에 들어가 함께 살았고, 이후 반년 정도는 매일 전화를 걸어 안부를 확인했다고 합니다. 이처럼 옆에서 도와줄 자녀가 있으면 좋겠지만 자녀가 없거나 자녀의 도움을 받을 수 없는 사람은 친지와 이웃의 도움을 받거나 정부나 종교, 지역 단체의 도움을 받아야 합니다. 그러려면 평소에 마음의 울타리를 낮추어 자기개시를 함으로써 주변에 자신의 존재를 알려두는 것이 중요합니다.

슬픔을 억눌러서도 안 되지만, 슬픔에 깊이 빠져서도 안 된다.
고인이더라도 그와 유대를 유지하는 것이 중요하다.

배우자의 죽음은 스트레스 수치가 최고점인 100점에 해당하는 생애 사건입니다. 그만큼 심리적으로 가혹한 사건이므로 극복하기가 매우 어렵습니다.

배우자를 잃으면 말 그대로 자신의 반쪽을 잃은 듯한 깊고 강한 슬픔을 겪게 됩니다. 그러나 그 슬픔을 억눌러서는 안 됩니다. 슬픔을 두려워한 나머지 마음의 문을 닫아버리는 사람이 있는데, 슬플 때 충분히 슬퍼하지 않으면 해소되지 않은 감정이 응어리가 되어 오랫동안 마음을 괴롭힙니다. 배우자를 잃었을 때는 마음껏 울고 충분히 슬퍼하는 것이 좋습니다.

그렇다고 슬픔에 너무 깊이 빠져서도 안 됩니다. 상실의 슬픔에 오랫동안 사로잡혀 있으면 '병적 비탄', '복잡성 비탄'이라고 불리는 상태에 빠져 헤어나지 못하게 됩니다. 병적 비탄이란 슬픈 기분이 장기적으로 격하게 지속되는 것을 말합니다. 구체적으로 말해 죽은 사람이 몇 년씩이나 뇌리에서 떠나지 않아서 그가 죽었다는 사실을 받아들이지 못하고 우울한 기분에 계속 빠져 있는 상태로 이 정도라면 전문가의 치료가 필요합니다.

이런 병적 비탄을 막기 위해서는 죽음으로 유대가 단절되었다고 생각하지 말아야 합니다. 다시 말해 유대가 지속된다고 믿는 '지속적 유대'가 필요합니다. 부모의 죽음과 친구의 죽음을 다룰 때도 지속적 유대를 이야기했는데, 배우자의 죽음이라는 가혹한 상황에서는 이것이 특히 큰 의미가 있습니다. 육체는 소멸했으나 배우자와의 추억이 자신의 마음속에 살아 있음을 확실히 인식하는 것, 모습은 보이지 않아도 배우자가 살아 있다고 느끼는 것이 중요합니다.

요즘은 집에 불단을 두는 가정이 많지 않습니다. 그러나 불단을 보고 합장하거나 그 앞에 물과 밥을 갖다 놓는 것이 유대를 지속하는 데 매우 효과적입니다. 불단만이 아니라 사진이든 기념물이든 좋으니 무언가 갖다 놓으면 우리는 그것을 보고 합장하면서 무의식적으로 고인과 대화를 할 것입니다. '우린 다 잘 있으니 걱정하지 말라'거나 '손주가 취직을 했어'라고 마음속으로 중얼거리다 보면 고인이 된 배우자와의 유대를 자연스럽게 지속할 수 있습니다.

또 살아생전에 배우자와 함께 마음을 나누며 대화를 많이 했던 사람, 또 임종 전에 배우자의 마음이 어떤지 듣고 서로의 마음을 전했던 사람은 상대가 죽은 후에도 유대를 지속하기가 쉽습니다. 그러나 배우자가 갑자기 쓰러져 의식불명에 빠진다면 그런 준비를 하기가 어려울 것입니다. 그러니 평소부터 서로가 서로에게 어떤 존재인지, 마음을 나누는 것이 좋지 않을까요?

마음속에 내세를 품는다

주위 사람들이 하나둘씩 떠나간다.
마음속에 '내세'를 품으면 편안해진다.

작년에 대학 학회 선배가 세상을 떠났습니다. 갓 환갑을 넘겼는데 암 진단을 받고 나서 얼마 안 있어 숨을 거둔 것입니다.

어린 나이에 아버지를 여의어서인지 선배는 지도교수를 아버지처럼 따랐고, 학교를 졸업하고 나서도 교수님과의 관계를 돈독히 이어나갔습니다. 교수님이 연로해지면서 교수님의 사적인 일도 가끔씩 도와주었다고 합니다. 그러다 7~8년 후 교수님은 돌아가셨고, 유품으로 자신의 연구 노트를 선배에게 남겼습니다. 그러고 나서의 일입니다. 어찌 된 영문인지 선배는 그 연구 노트를 손수 PDF로 만들어서 학회 회원들에게 배포를 했습니다. 그때가 재작년 가을이었는데 이듬해 연초에 선배에게서 암이 발견되었고, 몇 달 만에 세상을 떠났습니다.

그의 부고를 듣고 우리는 "교수님이 선배를 기다리셨구나",

"교수님이 이제 와도 된다고 하셨나 보다"라고 입을 모아 말했습니다. 저도 그렇지만, 평소에 본인이 죽으면 다른 세상으로 간다고 생각하는 동료는 한 명도 없었습니다. 그러나 젊은 선배의 안타까운 죽음을 마음속으로 받아들일 방법을 찾다가 그렇게 생각하면서 애써 마음을 달래고자 한 것입니다.

저는 말만 그렇게 하는 것이 아니라 선생님이 그를 맞아줄 것이라고 정말 믿어도 되지 않을까 생각합니다. 그것이 떠난 사람에게도 좋고 남은 우리의 마음에 뚫린 구멍을 메우는 데에도 좋을 것입니다.

종교를 믿는 나라나 개인에게는 그런 해석 방식이 정착되어 있습니다. 대표적으로 기독교인들은 죽은 사람이 "신의 부름을 받았다"라고 말하는데, 매우 부러운 태도가 아닐 수 없습니다. 종교가 없는 사람들은 나이를 먹어 주위 사람이 차례차례 죽을 때, 그것을 어떻게 받아들여야 할지 무척 난감해하기 때문입니다.

우리는 대부분 죽으면 무無로 돌아가거나 흙으로 돌아간다고 생각합니다. 그러나 그것보다는 죽어서 먼저 떠난 부모와 배우자, 친구를 만난다고 생각하는 것이 마음이 편할 것입니다. 특정 종교로 개종하거나 특정한 무언가를 믿으라는 말이 아닙니다. 자신의 마음속에 '내세'를 품자는 것입니다.

이것은 죽은 사람과 대화하는 것, 즉 유대를 지속하는 것과도 일맥상통하는 일입니다. 고인의 사진을 보고 마음속으로 대화를 하는 순간 우리의 마음속에 내세가 펼쳐진다고 말할 수 있습니다. 예를 들어 죽은 남편이나 아내에게 물과 밥을 가져다주면서 대화할 때, 우리는 배우자뿐만 아니라 추억 속의 많은 사람과도 이야기를 나누게 됩니다. 그리고 그 사람들이 내세에서 어떻게 지낼지 상상합니다. 즉 마음속에 내세를 만드는 것입니다.

이런 과정을 통해 우리는 자신의 죽음을 받아들일 준비를 합니다. 죽은 사람과의 유대를 지속하며 마음속에 내세를 품고 대화하는 시간을 통해 자신도 내세와 가까워집니다. 부모나 배우자와 대화하다 보면 자신의 죽음도 친근하게 느껴질 것입니다. 보이지 않는 존재와 이야기하면서 자신의 죽음을 받아들일 준비를 하는 셈입니다. 그렇게 늙어가는 것이 행복하지 않을까요? 죽음이나 저세상과 친숙해지는 것이 결코 나쁜 일만은 아닙니다.

제4부

90대

〜〜〜〜

지적 호기심을 유지하며
내적 생활권을 심화하는 시기

90대 이후는 인생의 완숙기입니다. 이 나이가 되면 배우자나 친구, 지인 대부분이 세상을 떠나 주변에 또래가 거의 없을 것입니다. 몸도 약해져서 누군가의 도움 없이는 살아갈 수 없습니다. '그렇게 되면 무척 고독하고 괴롭지 않을까?', '정신도 흐릿해지지 않을까?' 라고 걱정하는 사람이 있겠지만 사실은 그렇지 않습니다.

기력이 쇠해지면서 생활권이 좁아지지만, 지적 호기심을 유지하면 내적 생활권, 즉 내적 세계를 심화할 수 있습니다. 또 죽은 배우자를 비롯한 '보이지 않는 사람들'과의 연계를 점점 더 강하게 느끼므로 그다지 고독하지 않습니다. 노인 특유의 긍정 효과도 강해져 이전보다 더 큰 행복감을 느끼며 살아갑니다.

신체의 기능이 저하되더라도 풍성한 내면을 유지하며 행복하게 사는 장수 노인의 모습은 젊은 세대에게 희망을 줍니다. 무르익은 과실이 생명의 은혜를 나누어주듯 완숙한 노인들도 주위 사람들에게 큰 은혜를 나누어주는 것입니다.

1장

생애
사건

걷지 못한다

생각대로 거동하기가
힘들어진다

휠체어 신세를 져도 삶에 애착이 있으면 괜찮다.
삶에 미련을 버렸을 때가 문제다.

걷지 못하게 되면 일상생활이 무척 부자유해집니다. 휠체어를 타면 이동은 가능하겠지만 낮은 턱만 있어도 남의 도움을 받아야 하므로 자기 유능감과 자기 효력감이 저하되기 쉽습니다. 하지만 가장 큰 문제는 자존감이 손상되었다고 삶에 대한 미련을 버리는 것입니다.

인간은 어릴 때부터 줄곧 자립해서 살아야 한다고 배웁니다. 줄곧 "남에게 의존하면 안 된다"라는 말을 듣고 자랍니다. 그리고 신체적, 정신적, 경제적으로 자립해야만 '제대로 된 인간'으로 인정받고 자존감을 지킬 수 있다고 믿고 살아옵니다. 그래서 남에게 손을 벌려야 하는 상황에 놓일 때마다 한심한 사람이 된 듯해 자존심이 상합니다. 남에게 동정 받으면 자존심이 더 상할 것 같아서 사람 구실을 못하는 한심한 자신의 모습을 남에게 보이려 하지 않습니다. 여기에 우리 특유의 '수치'의 감정도 한 몫 거듭니다.

이렇게 되면 기꺼이 도와줄 사람이 옆에 있어도 전동 휠체어를 타고 밖으로 나가는 것을 꺼리게 됩니다. 그래서 집 밖에 나가지 않고 집 안에 틀어박혀 '나는 이제 틀렸어'라는 생각만 계속하게 되고, 점점 더 삶의 의욕을 잃어버립니다.

이런 사람들이 적지 않은 것은 우리가 '자립'을 지나치게 중시해온 탓이라고 생각합니다. 게다가 앞에서 말했듯 정부가 '자립'을 중시하여 건강 수명을 늘리는 데에만 열심인 탓에 요양 현장에서도 '자율'보다 '자립'을 적극적으로 지원하고 있습니다. 돌보는 쪽이나 돌봄을 받는 쪽이나 혼자서 운신할 수 있는 것을 바람직하게 여기고 돌봄을 자립을 돕는 일로 여기기 때문에, 자립하지 못하는 사람은 돌봄을 받아야 하는 자신의 처지에 자존심 상해합니다.

그런데 무언가 이상하지 않습니까? 자립하지 못하게 되었기 때문에 돌봄을 받는 것이 아닙니까? 그러므로 돌봄은 '자립'이 아닌 '자율'을 우선해야 합니다. 다시 말해 진정한 돌봄이란, 걷지 못하는 사람을 걷게 만드는 일이 아니라 걷지 못해도 자유롭게 외출하고 싶은 사람의 의지를 존중하여 그 바람을 이루도록 곁에서 돕는 일이 아닐까요?

그건 그렇다 치고, 걷지 못하게 되었을 때 옆에 있는 사람에게 "밖에 나가고 싶은데 휠체어를 밀어 달라"고 부탁할 수 있느냐 없느냐는 그 사람이 인생에 얼마만큼의 애착을 느끼느냐에 좌우됩니다. '가족들에게 짐만 되고 비참하게 사느니 이대로 죽는 게 낫다'는 생각으로 인생에 대한 애착을 버리고 미련을 끊으면 남은 삶이 더욱 괴로워집니다.

'영화도 보러 가고 싶고 여행도 가고 싶다'거나 '밖에 나가 푸른 하늘을 보는 건 멋진 일이야'라는 식으로 인생에 애착을 느끼는 사람은 설사 휠체어를 타고 다니더라도 남은 인생을 풍요롭게 살 수 있습니다. 사람은 몸을 마음대로 움직이지 못하면 마음이 약해지게 마련이지만, 그렇다고 자율성까지 잃어서는 안 됩니다.

음식을 먹는 일은 삶의 본질과 관련되어 있다.
나이를 먹어도 얼마든지 식욕을 유지할 수 있다.

제가 자주 찾아가는 특별 요양원에 112세 노인이 있습니다. 저의 동료 연구자가 그분을 방문했을 때 이런 일이 있었다고 합니다. 동료가 이러이러한 조사를 하고 있다고 설명할 때는 꾸벅꾸벅 졸더니 기념품인 모나카 과자를 보이자마자 그분 눈에서 빛이 나더니 열심히 과자를 드시기 시작했다는 것입니다.

그래서 '이만큼 식욕이 왕성하니 이분은 오래 살겠구나' 싶었다고 합니다. 정말 그렇습니다. 음식을 먹는 일은 삶의 본질과 이어져 있습니다.

일본에 '8020 운동'이라는 것이 있었습니다. 일본치과의사회와 후생노동성이 추진하는 "80세가 되어도 20개 이상의 자기 치아를 유지하자"라는 캠페인인데, 자기 이가 20개 이상 있으면 음식을 자유롭게 씹을 수 있다고 합니다. 캠페인을 시작한 1989년에는 80대 이상 노인의 평균 치아 수는 4~5개였고, 20개 이상의 자기 치아를 가진 노인은 7% 정도에 불과했다고 합니다. 그러나 2007년에는 20개 이상의 치아를 가진 노인이 25%에 달했습니다. 사람의 이는 전부 28개—사랑니까지 합치면 32개—이므로 20개는 전체 치아 수의 70%에 해당합니다.

이가 중요한 이유는 첫째로 영양 섭취를 위해서입니다. 이가 부실하면 질긴 음식을 못 먹게 되는데, 대표적으로 고기가 그렇습니다. 고기는 곡물이나 뿌리채소, 생선보다 질겨서 이가 좋지 않으면 먹기가 어렵습니다. 그러나 고기는 영양가가 매우 높은 중요한 식품입니다. 고기에는 콜레스테롤이 많기 때문에 적게 섭취하라거나 고령자에게는 생선이 좋다고들 말하지만, 특별한 지병이 있는 경우를 제외하면 고령자일수록 고기를 자주 먹는 것이 좋습니다. 고기는 고령자에게 부족하기 쉬운 단백질과 철분, 지방 등이 많아 영양소를 효율적으로 섭취하기에 적합한 식품이기 때문입니다.

고기를 좋아하는 사람이 오래 산다는 말이 있지만, 사실은 반대입니다. 고기를 먹을 수 있기 때문에 오래 사는 것입니다. 앞에서 소개한 모험가 미우라 유이치로 씨도 고기를 매일 먹는다고 하며, 100세 이후까지 현역으로 활동했던 의학박사 히노하라 시게아키日野原重明 씨도 고기를 자주 먹었던 것으로 알려져 있습니다. 국민 배우로 불리며 80~90대에도 왕성한 활동을 펼쳤던 모리시게 히사야森繁久彌 씨나 모리 미츠코森光子 씨도 고기를 좋아했다고 합니다.

이만큼 고령이 되면 먹는 양이 자연스럽게 줄어드는 데다 이가 불편해지면서 씹는 것 자체가 힘들어집니다. 그래서 특히 꼭꼭 씹어 먹어야 하는 고기를 꺼리게 됩니다. 그러면 먹는 양이 더욱 줄어드는 악순환이 시작되고 근육이 감소하는 근감소증, 운동 기능 저하 증후군, 노쇠 증후군 등이 차례차례 발병하기 쉽습니다.

자기 치아가 있으면 스트레스 없이 음식을 먹을 수 있으므로 식사가 즐거워집니다. 그러기 위해서라도 이를 꼼꼼히 관리해야 합니다. 꼭 자기 치아가 아니더라도 입안에 딱 맞는 틀니를 해서 음식을 맛있게 먹도록 해야 합니다. 음식을 맛있다고 느끼다 보면 '또 먹고 싶다', '더 맛있는 걸 먹고 싶다'는 마

음이 생길 것이고, '맛있는 것도 먹을 수 있고, 사는 게 즐거워'
라는 삶의 애착도 생기면서 살고자 하는 삶의 의욕도 강해지기
마련입니다.

식욕은 생물의 근원적 욕구이며, 그 욕구를 채우는 일은 큰
기쁨을 낳습니다. 사람은 음식으로 생명을 유지할 뿐만 아니라
식욕을 느끼고 식욕을 채우고 맛을 즐기는 일을 통해 삶의 의
욕을 유지하는 존재입니다.

눈이 보이지 않으면 받아들이는 정보의 양이 줄어든다.
귀가 들리지 않으면 고독해진다.

아흔이 넘으면 많은 사람들이 눈이 침침하거나 잘 보이지
않고, 귀가 잘 들리지도 않습니다. 70대까지는 저항감 때문에
보청기를 거부하던 사람도 이 나이가 되면 거의 보조 도구를
쓰게 되는데, 그런데도 잘 보이지 않거나 들리지 않을 만큼 상
태가 나빠지는 사람도 있습니다.

사람은 정보의 80%를 눈으로 얻습니다. 그래서 잘 보이지
않으면 받아들이는 정보도 급격히 줄어 지적 호기심을 충족하
기 어려워집니다. 또 인간관계의 범위도 좁아집니다.

특히 귀가 들리지 않으면 고독감이 강해집니다. 사람의 마

음은 표정보다 목소리에서 나타나므로 소리를 듣지 못하면 상대의 마음을 잘 이해하지 못하게 되어 유대가 느슨해지기 때문입니다. 또 눈이 보이지 않는 것은 다른 사람이 금세 알아채지만, 귀가 들리지 않는 것은 이야기를 해보아야 알 수 있으므로 제때 필요한 지원을 못 받아 고립되는 사람도 있습니다.

노화로 눈과 귀가 어둡게 되었을 때 '이제 나이가 있으니 어쩔 수 없지'라고 포기하면 지적 호기심을 잃어버리거나 고독해질 위험성이 있습니다. 따라서 눈이 잘 보이지 않으면 제대로 된 검사를 받은 다음 치료를 하고, 소리가 잘 들리지 않으면 청력 검사를 해서 치료를 하거나 적절한 보청기를 사용해야 합니다. 또 전에 쓰던 안경이나 보청기가 안 맞게 되었을 수도 있으니 불편을 참지 말고 의사에게 검사를 받는 게 좋습니다.

고령이 되면 오감이 전부 쇠퇴합니다. 신체와 오감의 쇠퇴를 느끼면 마음도 약해지기 쉽지만, 요즘은 신체의 쇠퇴를 보완해줄 보조 도구가 다양하게 나와 있습니다. 늙음에 저항하지 말고 늙음과 더불어 더 잘 살게 해줄 보조 도구를 활용하여 불편을 해소합시다. 나이가 많아질수록 그런 적극적인 자세가 필요합니다.

재정 관리를
남에게 맡긴다

통장과 지갑을
다른 사람에게 맡긴다

돈은 사회적 능력의 상징이다.

돈 관리를 남에게 맡기면 자기 효력감과 자존감이 저하된다.

나이를 먹으면 스스로 돈 관리를 할 수 없어서 통장과 지갑을 다른 사람에게 맡기는 경우가 많습니다. 대부분은 자녀에게 맡기겠지만, 조카 등 친척이나 후견인에게 맡기는 사람도 있습니다. 어쨌든 스스로 돈을 관리하지 못하면 사회적 자립도가 낮아집니다. 돈을 매개로 하는 사회적 활동을 스스로 유지할 수 없기 때문입니다. 예를 들어 외출하고 싶어도 돈을 내야 할 때 스스로 하지 못하기 때문에 누군가와 동행해야만 합니다.

이는 몸이 부자유해서 외출하지 못하는 것과는 또 다른 문제입니다. 사회적 동물인 사람이 사회적 행위를 못하는 상황은 심리적으로 매우 큰 스트레스를 낳습니다. 사람은 성장하여 사회적 관계를 구축하고 사회적 네트워크를 확대합니다. 그러나 돈 관리를 못해서 사회와의 관계가 끊어지면 이전에 확대했던 자아가 단숨에 다시 축소되고 자립성과 자율성이 저하되는 것입니다.

게다가 돈은 사회적 능력의 상징이므로 돈을 스스로 관리하지 못하면 사회적 능력을 잃습니다. 그러면 남에게 영향을 미칠 수 없기 때문에 돈이 없어도 돌봐줄 수 있는 가족과 극히 친한 일부 사람과의 관계만이 가까스로 남아 있게 됩니다. 이런 상태가 지속되면 자기 효력감과 자존감이 저하되어 몸은 멀쩡한데도 집 안에 틀어박혀만 있거나 우울증에 빠질 수 있습니다.

이런 사태를 방지하려면 돈 관리를 직접 하지는 못하더라도 바깥 세계와의 관계, 사회적 관계를 유지할 방법을 찾아야 합니다. 예를 들어 필요한 물건이 생겼을 때 다른 사람에게 물건을 사다 달라고 하면 당장의 필요는 채워지겠지만 사회와의 연계를 이어갈 수 없습니다. 그보다 함께 가 달라고 부탁해서 함께 쇼핑을 하면 사회와의 연계를 유지할 수 있어야 합니다. 돈이 필요할 때도 마찬가지입니다. 다른 사람에게 대신 은행에 가서 돈을 찾아와 달라 하면 사회와의 소통이 단절될 수 있습니다. 돈을 찾지 못하는 것보다 사회와의 소통이 단절되는 것이 문제인 것이지요. 이럴 때는 부탁하는 사람과 함께 은행에 가서 그 사람이 돈을 인출하는 것을 직접 지켜보는 것도 사회와의 소통을 이어나가는 방법이 됩니다.

노인 시설을 방문해보면 모두들 마지막까지 돈 문제에 신경을 많이 쓴다는 것을 알 수 있습니다. 돈이 전혀 필요 없는 치매 환자도 "공짜로 여기서 지내면 안 되죠. 제 돈은 어디에 있습니까?"라고 묻곤 합니다. 남에게 무언가를 받으면서도 자존심을 지키려면 돈의 힘이 필요한 모양입니다. 공짜로 무언가를 받는 것은 빚을 지는 일이며 자신이 약자임을 인정하는 일이기 때문입니다.

3장

생애
사건

매일
자다 깨다 한다

추억에 산다

청춘 시절의 추억이나 돌아가신 부모를 자주 떠올린다.
보이지 않는 사람들과의 연계를 느낀다.

100세 이상 장수하는 사람을 '백수 노인'이라 하는데, 현재 일본에는 백수 노인이 과연 얼마나 있을까요? 통계를 내기 시작한 1963년에 153명이었으니 지금은 1,000명이나 2,000명 정도로 늘어났을 것으로 생각할지도 모르겠습니다. 그러나 2014년 국립 사회보장·인구문제 연구소의 자료에 따르면 백수 노인은 무려 5만 8,820명으로, 51년간 384배나 늘었습니다 (전체 인구의 0.05% 수준). 또 2050년에는 그 수가 69만 6,000명에 달할 것이라고 합니다*. 의학박사 히노하라 시게아키 씨가 인터뷰에서 "100세는 당연하다"라고 말했다는데, 정말로

---

* 2018년 통계청 자료에 따르면 한국의 100세 이상 인구는 3,800여 명으로 전체 인구의 0.01% 수준이다. 2028년이면 한국도 100세 이상 고령자가 1만 명을 넘어설 것으로 추정하고 있다.

100세까지 사는 게 당연해질 날도 그리 멀지 않은 듯합니다.

물론 백수 노인 중 남의 도움 없이 생활할 수 있는 사람은 전체의 20% 정도에 불과합니다. 즉 100세 이상의 고령이 되면 스스로 움직이기가 어려워지는데, 그렇다고 노인들의 마음이 부정적인 것은 아닙니다. 80~90세를 전후해 신체 기능이 점점 떨어지는 것과 반대로 현재 생활에 대한 만족감이나 행복감은 점점 높아집니다.

70대 때는 기력이 약해지면서 생활에 불편함이 오는 것을 힘들게 받아들였지만, 90세쯤 되면 부정적인 감정이 사라지고 마음이 온화해집니다. 그리고 백수 노인이 되면 세상만사에 행복을 느끼는 '다행감'이 커집니다. 또 죽은 배우자나 부모 형제 등 '보이지 않는 사람들'과의 유대가 강해지므로 고독감을 그다지 느끼지 않습니다. 학자들은 최근 이 신비한 심리 상태를 '노년적 초월'이라 부르며 이에 주목하고 있습니다.

오래 사는 사람의 성격을 보면, 여성의 경우는 쾌활하면서도 넉살 좋은, 다소 제멋대로인 시골 아줌마 같은 성격이, 남성의 경우는 비교적 착실하고 완고한 성격이 많은 듯합니다. '제멋대로'라고 하니 좀 안 좋게 들릴 수도 있겠지만, 스스로 결정해서 자신이 원하는 바대로 행동하는, 다시 말해 자율성이 높은 성격이라 할 수 있습니다. 이런 사람들은 '저 사람, 왜 저렇게 풀이 죽었지?'라고 생각하는 순간 갑자기 상대의 사정 따위는 아랑곳없이 다시 쾌활해지는 특성이 있습니다.

남성 중에는 몇 시에 일어나 몇 시에 무엇을 한다는 일과를 정해놓고 그대로 실천하는 사람이 많습니다. 실제 사례를 소개 하자면, 어떤 연구자가 한 노인에게 면회를 신청했더니 오후 4시경에 와 달라고 하기에 이유가 궁금해서 물어보았답니다. 그 러자 "5시가 되면 술을 마셔야 하니까"라고 대답했다고 합니 다. 그는 5시 이전에 술을 마시지 않겠다고 스스로 결심하고 그것을 지키는 중이었습니다. 그래서 "1시간 정도 이야기하고 5시부터 같이 술을 마시자"라는 것이었습니다.

90세를 넘은 장수 노인의 하루 일과는 어떨까요? 히노하라 시게아키 씨처럼 활동적인 사람도 있겠지만 꾸벅꾸벅 졸면서 틈틈이 눈을 뜨거나 한두 시간 자고 한두 시간 깨어 있기를 반 복하는 사람도 있습니다. 단, 신체는 움직이지 않아도 눈만 뜨 고 있으면 뇌가 기능하므로 사람은 깨어 있는 동안은 무슨 생 각이든 하게 마련입니다. 또 고령이 되면 눈과 귀가 어두워져 외부 세계의 정보를 잘 받아들이지 못하므로 아무래도 자기 자 신의 사고에 집중하기 쉽습니다. 이때는 신체 활동은 떨어져도 정신 활동은 활발할 가능성이 높습니다.

그러면 장수 노인은 평소에 어떤 생각을 할까요? 우리는 특 별히 하는 일 없이 멍하게 있으면 신경 쓰이거나 걱정되는 일 이 떠올라 마음이 어지러워지기 쉽지만, 장수 노인은 그렇지 않을 듯합니다. 나이를 먹을수록 마음이 긍정적으로 변하므로 부정적인 생각이 별로 떠오르지 않습니다. 또한 노인은 '회고 절정'을 경험하며 청춘 시절을 많이 떠올릴 것입니다. 앞서 이야기했듯이 이는 청춘 시절에 강한 감정을 동반하는 사건이 많이 일어났기 때문에 벌어지는 현상인데, 이처럼 강한 감정을 동반한 기억, 즉 자신에게 매우 중요했던 일은 나이를 먹어도 기억이 희미해지지 않습니다.

노인이 "옛날 일은 또렷이 기억난다"고 말하는 것도 그 때문입니다. 노화로 뇌 기능이 쇠퇴하거나 인지 기능에 장애가 생겨도 젊었을 때 경험한 중요한 일들은 언제까지나 추억으로 남습니다. 따라서 장수 노인은 어린 자식을 열심히 키우던 시절의 추억 등 강한 감정을 동반하면서 자신에게 매우 소중했던 사건을 주로 떠올립니다.

바꿔 말하면 90세, 100세에 떠오르는 추억은 그 사람에게 가장 소중한 추억입니다. 그래서 노인이 죽은 배우자와 부모 형제를 자주 떠올리고 그들을 가까이 느끼는 것입니다. 장수 노인은 인생에서 가장 중요하고도 긍정적인 추억 속에 살고 있는 셈입니다.

내적 생활권을 심화한다

나이가 몇이고 심신이 어떻든 지적 호기심을 유지하면

마음속 세계는 더욱 풍성해진다.

젊을 때 한 요양 시설을 방문한 적이 있습니다. 누워서 지내는 데다 앞도 거의 보지 못하는 100세의 여성이 있으니 만나보라는 말을 듣고 그녀의 방을 찾았습니다. 그런데 문을 두드리고 방에 들어가 침대 곁에 서서 쭈뼛거리며 "안녕하세요"라고 인사를 했더니 그녀가 "헬로!"라고 대답을 하더군요. 저는 솔직히 그 밝은 목소리에 무척 놀랐습니다. 움직이지 못하고 눈도 안 보이는 초고령자라는 말을 듣고 머릿속에 부정적인 모습만 상상했기 때문입니다. '이분은 왜 이렇게 쾌활할까' 싶어져서 이것저것 질문해보았습니다.

그녀는 NHK 라디오의 어학 강좌 프로그램을 무척 좋아해서 프랑스어, 이탈리아어, 중국어 강좌 등을 매일 듣는다고 했습니다. 그리고 강좌 틈틈이 소개되는 각국의 생활상을 듣고

'어떤 곳일까?', '이런 곳일까?' 상상의 날개를 펼친다고 했습니다. 물론 어느 한 곳도 실제로 가본 적은 없지만, 라디오를 듣고 낯선 도시를 상상하는 것이 무척 행복하다고도 했습니다.

자신에게 남아 있는 청력을 이용하여 하루하루를 즐겁게 보내고 있었던 셈인데, 듣자 하니 요양 시설에서 라디오를 듣는 사람들 사이에서는 어학 강좌가 꽤 인기가 있다고 합니다. 물론 해외여행을 가기 위해 외국어를 배우는 것은 아닐 것입니다. 이제는 해외여행을 갈 수 없다는 걸 스스로 잘 알고 있으니까요. 그렇다 해도 이왕에 라디오를 듣는다면 쇼 프로그램이나 코미디 프로그램이 더 재미있지 않을까요? 왜 어학 강좌를 좋아할까요? 그것은 바로 지적 호기심 때문입니다. '내일은 어떤 단어를 가르쳐줄까?', '인사말을 배웠으니 쇼핑할 때 쓰는 말도 배우고 싶다', '로마 다음은 어떤 도시일까?' 그런 지적 호기심을 품고 어학 강좌를 기대하는 것이 미래 비전을 낳는 것입니다.

어학 강좌를 기대하는 것은 '내일은 어떤 내용일까?'라며 단기 목표를 지향하는 일, 아니 그 이상입니다. 더 다양한 것을 알고 싶다는 마음, 즉 지적 호기심은 죽는 날까지 이어질 것이기 때문입니다. '좀 더 다양한 것을 배우는 일'은 숨이 붙어 있는 날까지 지속될 장기 목표이자 고령인 그녀의 본분이기도 합니다. 덕분에 그녀에게도 미래 비전이 있습니다. 그녀가 밝게

"헬로!"라고 인사할 수 있었던 것은 현재가 행복한 데다 밝은 미래 비전이 있었기 때문입니다.

제 은사는 생전에 '완숙'이라는 말을 즐겨 썼습니다. 나이 먹는 것을 영어로 '에이징Aging'이라 하는데, 이 말에는 '성숙'이라는 의미도 있습니다.

은사는 나이를 먹으면 생활권은 축소되지만 자신의 마음속 세계, 내적 생활권은 더욱 심화된다고 말했습니다. 그래서 이 시기에는 내적 생활권 속에서 자기 자신을 탐구하는 일, 자신의 본분을 추구하는 일이 중요합니다. 에이징의 종착점은 인격의 완숙입니다.

은사는 퇴직한 후에도 죽는 날까지 연구를 지속했습니다. 그리고 앞에서 말한 대로 자신의 연구 노트를 제자에게 전해주었고, 제자는 그것을 PDF로 만들어 학회 졸업생들에게 배포했습니다. 은사는 연구라는 본분을 평생 추구한 결과 우리에게 연구 성과라는 결실을 전해준 것입니다. 그뿐만 아니라 자기 자신의 삶을 통해 성숙한 인생이란 어떤 인생인지, 완숙기의 삶이란 무엇인지를 우리에게 몸소 가르쳐주었습니다.

나이를 먹으면 사람은 점점 외톨이가 됩니다. 친한 사람들이 죽고 생활권도 축소되기 때문입니다. 그러나 마음속에 풍성한 세계를 품고 있으면 고립되거나 고독해지지 않습니다. 오히려 '고고함'을 유지할 수 있습니다.

고고함이란 '특별히 사람을 좇지 않아도 고립되지 않고, 고독을 마다하지 않지만 사람을 거절하지 않는 경지'라고 말할 수 있습니다. 마음속에 풍성한 세계가 있으므로 혼자 있어도 외롭지 않고 타인과 함께 있으면 그 풍성함을 나눠줄 수 있는 삶, 그것이 바로 고고한 삶일 것입니다.

만년의 제 은사도, 앞에서 소개한 100세 여성도, 그야말로 고고한 모습을 보여주었습니다. 저도 그처럼 고고한 경지에 이르고 싶습니다. 그러려면 내 본분이 무엇인지 다시금 자문하고 지적 호기심을 유지하며 내적 생활권을 심화해야 할 것입니다. 쉬운 일은 아니겠지만 그렇다고 불가능한 일도 아닙니다.

고고함의 경지에 도달하고 인격을 완숙시키는 일, 그것이야말로 인생을 마지막까지 행복하게 살기 위한 최선의 방법입니다. 그리하여 인생의 완숙기를 행복하게 보낸다면, 우리가 은사의 삶에서 결실을 이어받았듯 우리 또한 후세에게 삶의 결실을 남길 수 있지 않을까요?

맺음말

저절로 되는 것은 없습니다

필라델피아 노인용 사기 척도Philadelphia Geriatric Center Morale Scale라는 것이 있습니다. 보통 줄여서 PGCM이라고 하는데, 성공적인 노화Successful Aging 여부를 측정하는 척도입니다. 필라델피아 노화연구소의 사회노년학자인 로튼Mortimer Powell Lawton 이 개발한 이 척도는 일본의 노년학자들도 자주 활용하고 있으며 저 또한 면접 및 연구 조사에서 수없이 사용했습니다.

여기에는 17개의 질문이 있는데, 그중에 "사는 것이 힘들다고 생각합니까?" "슬픈 일이 많다고 생각합니까?"라는 항목이 있습니다. 면접 조사에서 이 질문만 던지면 대부분의 고령자가 잠시 생각에 잠기는 듯하다가 자신의 체험을 이야기해줍니다. 회사에 배신당했다고 한탄하는 엘리트 샐러리맨 퇴직자, 비뚤어진 아들의 칼에 찔려 큰 부상을 입은 남편과 아들을 걱정하며 어쩔 줄 모르는 아내, 낳지 못한 아이의 환상에 사로잡힌 치매 언니를 걱정하는 동생 등등.

인생에 얼마나 다양한 형태의 고난과 슬픔이 있는지를 그들에게서 배웠습니다. 그러나 자신의 인생을 돌아보며 제게 이야기를 전해준 고령자 대부분은 "그런 고난을 극복했기 때문에 지금의 행복이 있다"라고도 말해주었습니다.

한 고령의 여성은 "지나고 나면 다 좋은 추억이다"라는 말을 했습니다. 심리학 교과서에도 "과거의 기억은 새롭게 구성되어 아름다운 추억으로 회상된다"라고 나와 있습니다. 나이를 먹으면 괴로운 기억도 슬픈 기억도 즐겁고, 기쁜 기억과 함께 아름다운 추억으로 남습니다. 그러기 위해서는 시간이 필요하다는 사실을 모든 고령자가 잘 알고 있는 것입니다.

그러나 저는 새삼 궁금해집니다. 장수 시대의 행복한 인생이란 어떤 인생일까요? 힘들고 슬픈 경험이 없이는 행복을 얻을 수 없는 걸까요? 혹은 그런 경험이 있었기 때문에 행복이 무엇인지 알게 된 것일까요?

"사랑스러운 아이에게 여행을 시켜라"라는 말은 자식에게 괴로움을 안겨주지 않으려 하는 부모에게 꼭 필요한 교훈입니다. 우리는 안락하고 향락적인 인생을 추구하는 쾌락주의적 인생관과 괴로움을 극복해야만 인생이 충실해진다는 구도적 인생관 중 어느 쪽이 옳은지 알 수 없습니다. 어느 한쪽의 삶을 추구한다고 인생이 생각한 대로 흘러가는 것도 아닙니다. 한편 아프리카에는 지금도 내전과 질병 등으로 평균 수명이 채 50세도 되지 않는 나라가 있습니다. '인생의 행복이란 무엇일까?'라는 생각을 할 때마다 그 나라에 사는 사람들을 떠올리게 됩니다. 예전에는 일본도 그랬습니다. 일본이 장수 국가가 된 것은 극히 최근의 일이니 말입니다.

저도 스스로 늙음을 온전히 경험해야지만 이 오래된 질문의 답을 찾을 수 있을까요? 게다가 그 답은 저 한 사람에게만 정답일지도 모르겠습니다.

10대의 끄트머리에서 시작한 노년심리학 공부가 올해로 40년이 되었습니다. 환갑을 앞둔 지금 이전에 만났던 고령자들과 그들에게서 들은 이야기를 돌이켜 생각해봅니다. 그중에는 이미 세상을 떠난 사람도 많습니다. 이 책에 실린 모든 내용은 제가 지금까지 만난 사람들, 서적과 논문을 통해 만났던 사람들에게서 끊임없이 배우고 되새긴 결과입니다. 이 모든 것이 앞으로 노년기를 맞이할 저에게 주어진 '연습문제'가 아닐까 생각합니다.

앞으로 다가올 60대 이후의 중년 후반기와 노년기에는 슬픈 일도 많을 것이고 삶의 쓰라림을 깊이 절감하게 될 일도 많을 것입니다. 그러나 이런 고난과 슬픔을 극복한 후에 행복을 얻게 된다는 것을 인생 선배들로부터 배웠습니다. 그러므로 슬프고 괴로운 생애 사건이 닥쳐오더라도 훌훌 털고 넘어가려 합니다. 그러려면 연습문제를 많이 풀어두어야겠지요.

제 심리노년학 연구의 역사는 늙음의 불가사의함에 사로잡혔던 시간과 동시에 자신의 젊음에 속박당했던 시간으로 채워져 있습니다. 그 끝에서야 가까스로 연습문제를 풀어야겠다는 실제적인 깨달음을 얻게 되었습니다. 독자 여러분도 이 책을 늙음을 대비하는 연습문제로 삼아 각자의 답을 찾기를 바랍니다.

2015년 봄
사토 신이치

참고문헌

서적

Cacioppo, J. T. & Patrick W., 柴田裕之訳(2010)《고독의 과학, 사람은 왜 외로워지는가孤独の科学 人はなぜさびしくなるのか》河出書房新書社

Erikson, E. H. & Erikson, J. M., 村瀬孝雄·近藤邦夫訳(2001)《라이프 사이클, 그 완결ライフサイクル.その完結》(증보판) みすず書房

樋口恵子(2013)《인생 100년 시대로의 출범人生100年時代への船出》ミネルヴァ書房

百寿者研究会, 東京都老人総合研究所·慶応義塾大学医学部編(2003)《백세 백화百歳百話》日東書院

井上勝也(2007)《나이 먹는 것을 깊이 이해하게 되는 50가지 이야기: 노후의 심리학歳をとることが本当にわかる50の話 老後の心理学》中央法規

Kastenbaum, R., 井上勝也翻訳(2002)《죽는 순간의 심리死ぬ瞬間の心理》西村書店

片桐恵子(2012)《퇴직 시니어와 사회 참여退職シニアと社会参加》東京大学出版会

熊野道子(2012)《삶의 보람 형성의 심리학生きがい形成の心理学》風間書房

権藤恭之(2008)《고령자 심리학高齢者心理学》朝倉書店

Levinson, D. J., 南博訳(1992)《라이프 사이클 심리학 상·하ライフサイクルの心理学 上下》講談社学術文庫

三島二郎(1995)《시니어의 높은 곳에서, 어떤 인간학 논고シニアの高みにて ある人間学論考》YES社

日本老年行動科学会監修, 大川一郎編集代表, 佐藤眞一ほか編集(2014)《고령자의 몸과 마음 사전高齢者のこころとからだ事典》中央法規

大内尉義·秋山弘子編集代表(2010)《신노년학 제3판新老年学 第3版》東京大学出版会

佐藤眞一監修(2006)《《결정지능》혁명〈結晶知能〉革命》小学館 [한국어판 이정환 옮김(2007)《나이를 이기는 결정지능: 나이 들수록 머리가 좋아지는 44가지 실천법》비전하우스]

佐藤眞一·大川一郎·谷口幸一編著(2010)《늙음과 마음 케어: 노년 행동과학 입문老

いところのケア 老年行動科学入門》ミネルヴァ書房

佐藤眞一監修(2010)《조사·사례 연구로 풀어 읽는 고령자의 몸과 마음: 케어에
　　활용하는 Q&A조사·사례연구에서 읽어내는 고령자의 마음과 몸 케어에 생かす
　　Q&A》コミュニティケア 臨時増刊号 日本看護協会出版会

佐藤眞一(2011)《노인은 수수께끼투성이: 노년 행동학이 해명한다ご老人は謎だら
　　け 老年行動学が解き明かす》光文社新書

佐藤眞一(2012)《치매〈불가해한 행동〉에는 이유가 있다認知症〈不可解な行動〉には
　　理由がある》ソフトバンク新書

佐藤眞一·高山緑·増本康平(2014)《노인의 마음: 노화와 성숙의 발달 심리학老いの
　　ところ 加齢と成熟の発達心理学》有斐閣

Schaie, K. W. & Willis, S. H., 岡林秀樹訳(2006)《성인 발달과 에이징 제5판成人発
　　達とエイジング 第5版》ブレーン出版

Birren, J. E. & Schaie, K.W. (ed.), 藤田綾子·山本浩市監訳(2008)《에이징 심리학 핸
　　드북エイジング心理学ハンドブック》北大路書房

柴田博·長田久雄編(2003)《노인의 마음을 안다老いの心を知る》ぎょうせい

鈴木隆雄(2012)《초고령 사회의 기초 지식超高齢社会の基礎知識》講談社現代新書

鈴木忠(2008)《생애 발달의 다이내믹스: 지의 다양성, 삶의 가소성生涯発達のダイ
　　ナミックス 知の多用性 生き方の可塑性》東京大学出版会

生活·福祉環境づくり21·日本応用老年学会著(編輯委員会: 柴田博·安藤孝敏·川瀬健介
　　·佐藤眞一·白澤政和·平林規好·渡辺修一郎)(2013)《노년학 입문ジェロントロ
　　ジー入門》社会保険出版者

公益財団法人ダイヤ高齢社会研究財団編(2009)《초고령 사회를 산다: 요양보험·요
　　양 예방의 현재와 미래超高齢社会を生きる 介護保険·介護予防の今とこれか
　　ら》ダイヤ財団新書29

谷口幸一·佐藤眞一編著(2007)《에이징 심리학: 노인에 대한 이해와 지원エイジン
　　グ心理学 老いについての理解と支援》北大路書房

山本思外里(2008)《노년학에서 배우는 성공적인 에이징의 비밀老年学に学ぶ サク
　　セスフル·エイジングの秘密》角川学芸ブックス

논문 외

藺牟田洋美·下仲順子·中里克治·河合千恵子·佐藤眞一·石原治·権藤恭之(1996), 〈중년 이후의 생애 사건의 주관적 평가·예측성과 심리적 적응: 가족 관계와 직업 적 생애 사건을 중심으로中高年期におけるライフイベントの主観的評価·予 測性と心理的適応ー家族関係と職業ライフイベントを中心に〉, 《노년사회과 학老年社会科学》 18, 63~73쪽.

上野大介·権藤恭之·佐藤眞一·増本康平(2014), 〈현재기억지표·잠재기억지표를 활용 한 긍정적 우위성에 관한 연구懸在記憶指標·潜在記憶指標を用いたポジティ ブ優位性に関する研究, 認知心理学研究〉, 《인지심리학연구認知心理学研究》 11, 71~80쪽.

佐藤眞一(1998), 〈늙은 부모를 간병하는 마음老親を介護するこころ〉, 《발달発達》 73, 44~52쪽.

佐藤眞一(2003), 〈심리학적 초고령자 연구의 관점: P. B. Baltes의 제4세대론과 E. H. Erikson의 제9단계 검토心理学的超高齢者研究の視点ーP. B. Baltesの4世 代論とE. H. Eriksonの第9段階の検討ー〉, 《메이지학원대학 심리학기요明治 学院大学心理学紀要》 13, 41~48쪽.

佐藤眞一(2005), 〈노년기의 가족과 요양老年期の家族と介護〉, 《노년정신의학잡지 老年精神医学雑誌》 16, 1409~1418쪽.

佐藤眞一(2006), 〈베이비붐 세대의 퇴직과 삶의 보람団塊世代の退職と生きがい〉, 《일본노동연구잡지日本労働研究雑誌》 48(5), 83~93쪽.

佐藤眞一(2011), 〈행동과학과 고령자 케어: 행동과학의 의의와 역할行動科学と高齢 者ケアー行動科学の意義と役割ー〉, 《고령자케어와 행동과학高齢者ケアと行 動科学》 16, 4~15쪽.

佐藤眞一(2013), 〈노년심리학으로부터의 접근을 통한 치매 연구의 기초와 응용老 年心理からのアプローチによる認知症研究の基礎と応用〉, 《발달심리학 연구 発達心理学研究》 24, 495~503쪽.

佐藤眞一·東清和(1998), 〈중년 이후 피고용자 및 정년퇴직자의 행동 특징과 삶의 보람中高年被雇用者および定年退職者の行動特徴と生きがい〉, 《산업·조직심 리학 연구産業·組織心理学研究》 11, 95~106쪽.

佐藤眞一·下仲順子·中里克治·河合千恵子(1997), 〈연령 정체성의 코호트Cohort 차 이 및 그 규정 요인: 생애 발달의 관점에서年齢アイデンティティのホート差,

性差, およびその規定要因：生涯発達の視点から〉,《발달심리학연구発達心理学研究》8, 88~97쪽.

島内晶·佐藤眞一·権藤恭之·増井幸恵·稲垣宏樹·広瀬信義(2010), 〈백수 노인 요양의 사회적 지원: 삼자 모델을 통한 고찰白寿者介護へのソーシャル·サポート―三者モデルによる考察―〉,《고령자 케어와 행동과학高齢者ケアと行動科学》15, 34~47쪽.

下仲順子·中里克治·河合千恵子·佐藤眞一·石原治·権藤恭之(1995), 〈중년 이후의 생애 사건과 그 영향에 관한 심리학적 연구中年以後のライフイベントとその影響に関する心理学的研究〉,《노년사회학老年社会学》17, 40~56쪽.

下仲順子·中里克治·河合千恵子·佐藤眞一·石原治·権藤恭之(1996), 〈중년 이후의 스트레스성 생애 사건과 정신적 건강中高年期におけるストレスフル·ライフイベントと精神的健康〉,《노년정신의학잡지老年精神医学雑誌》7, 1221~1230쪽.

東京都老人総合研究所·板橋区共同プロジェクト中間報告会(1995)《생애 사건과 마음 처방전ライフイベントと心の処方箋》,《(재)도쿄 도 노인종합연구소 심리학 부문(財)東京都老人総合研究所心理学部門》

豊島彩·佐藤眞一(2013), 〈고독감을 매개로 한 사회적 지원의 수수와 중년 이후의 정신적 건강의 관계―UCLA 고독감 척도 제3판을 활용하여孤独感を媒介としたソーシャルサポートの授受と中高年者の精神的健康の関係―UCLA孤独感尺度第3版を用いて〉,《노년사회과학老年社会科学》35, 29~38쪽.

豊島彩·佐藤眞一(2014), 〈고령자의 사회적 지원 제공에 대한 평가의 질적 검토高齢者のソーシャルサポートの提供に対する評価の質的検討〉,《생로병사의 행동과학生老病死の行動科学》, 17/18, 65~78쪽.

옮긴이 노경아

한국외국어대학교 일본어과를 졸업한 후 10년 직장 생활을 하다가 꿈꾸던 전문 번역가의 길로 들어섰다. 번역의 몰입감, 마감의 긴장감, 탈고의 후련함을 즐기며 번역 중이다. 옮긴책으로는 《나라는 상품을 비싸게 파는 방법》, 《일하기싫어증》, 《디자인 씽킹》 등이 있다.

나이든 나와 살아가는 법

초판 1쇄 발행 2020년 1월 10일
초판 2쇄 발행 2020년 3월 30일

지은이 사토 신이치
옮긴이 노경아
펴낸이 임현석

펴낸곳 지금이책
주소 경기도 고양시 일산서구 킨텍스로 410
전화 070-8229-3755
팩스 0303-3130-3753
이메일 now_book@naver.com
홈페이지 jigeumichaek.com
등록 제2015-000174호

ISBN 979-11-88554-29-4(03180)

∗ 이 책의 내용을 무단 복제하는 것은 저작권법에 의해 금지되어 있습니다.
∗ 잘못되거나 파손된 책은 구입하신 서점에서 교환해드립니다.
∗ 책값은 뒤표지에 있습니다.

이 도서의 국립중앙도서관 출판예정도서목록(CIP)은 서지정보유통지원시스템 홈페이지(http://seoji.nl.go.kr)와 국가자료종합목록 구축시스템(http://kolis-net.nl.go.kr)에서 이용하실 수 있습니다. (CIP제어번호 : CIP2019049260)